D0557849

Cree su propia

SUERTE

8 principios para atraer la buena suerte
a su vida, al amor y al trabajo

Si está interesado en recibir información
sobre nuestras publicaciones,
envíe su tarjeta de visita a:

Amat Editorial
Comte Borrell, 241
08029 - Barcelona
Tel. 93 410 67 67
Fax 93 410 96 45
e-mail: info.amat@gestion2000.com

Azriela Jaffe

Cree su propia
SUERTE

8 principios para atraer la buena suerte
a su vida, al amor y al trabajo

Amat Editorial

La edición original de esta obra ha sido publicada en lengua inglesa con el título: *Create Your Own Luck*

Autor: Azriela Jaffe
Diseño cubierta: Jordi Xicart
Traductor: Aida Santapau

© Azriela Jaffe, 2000
y para la edición en lengua castellana
© Amat Editorial SL, Barcelona, 2001

ISBN: 84-9735-006-5
Depósito legal: 42.332-2001
Fotocomposición: pre impresión Zero
Impreso por Talleres Gráficos Vigor, S. A. - Sant Feliu de Llobregat (Barcelona)
Impreso en España - *Printed in Spain*

Este libro está dedicado a

Deb Haggerty, «Tía Deb», que en estos momentos está librando una valiente y personal batalla contra el cáncer de mama. Es demasiado pronto para que este mundo pierda a una persona tan generosa y tan cariñosa, y por ello te deseo que encuentres la manera de convertir el cáncer en la cosa más afortunada que jamás te haya sucedido. Cada día me recuerdas que el dinero no lo es todo en la vida y que, en cambio, el amor sí lo es. Rezo por ti.

y

Kathy Wasong, una vecina extraordinaria y una buena amiga que me inspira cada día con su ejemplo de cómo saber sacar la suerte de todo lo que la vida nos ofrece, sea lo que sea. Me haces recordar, sin decir ni una sola palabra, que debo contar las bendiciones que tengo en mi vida, especialmente aquellas que viven en mi hogar. Uno no se encuentra cada día a gente como tú sino muy de tarde en tarde y yo he recibido la bendición de ser tu amiga.

y

Leisel Shineberg, superviviente del Holocausto y camarada de e-mail, que hace que me maraville de lo que son capaces de soportar los seres humanos y al mismo tiempo lograr salir de ello siendo personas generosas, amantes y leales. Me haces recordar que cualquier incomodidad o molestia que pueda sufrir no es, en realidad, nada importante. Estoy muy agradecida de que te salvaras ya que, gracias a ello, el mundo es un lugar mejor. ¡Espero que algún día nos conozcamos personalmente!

El predicador ambulante (anónimo)

Un predicador ambulante se encuentra en medio de una tormenta tremenda y, en pocas horas, el hotel en el que se halla se inunda. A medida que el agua va subiendo, el predicador se encarama al tejado y empieza a rezar diciendo: «Señor, sálvame para que pueda continuar con mi misión de predicar tu palabra y tu evangelio».

En ese preciso momento, una patrulla de rescate de la guardia costera aparece en un bote de remos y le dice: «¡Venga señor, suba al bote!»

«Me quedo aquí —dice el predicador—, el Señor me salvará.»

Una hora más tarde, cuando el agua casi alcanza el tejado del hotel, llega una segunda barca. «Señor, será mejor que suba porque el agua sigue subiendo.»

El predicador responde: «No, gracias. El Señor será mi salvación».

Casi a última hora de la tarde, el hotel se encuentra casi completamente sumergido bajo las aguas y el predicador se está aferrando al plato de la antena de televisión por satélite que se encuentra en la parte más alta del tejado. Un helicóptero le ve y le dice por un altavoz: «Señor, agárrese a la cuerda que le lanzamos y le haremos subir. Es su última oportunidad».

«Estoy bien —dice el predicador mientras eleva su mirada al cielo—. Sé que el Señor me proporcionará un santuario». En el momento en que el helicóptero se marcha, un rayo hace impacto en la antena y mata al predicador.

Cuando llega a las puertas del cielo está furioso y grita: «¿Se puede saber que ha pasado? ¡Pensaba que el Señor iba a proveer!»

Entonces se escucha una voz que resuena como el trueno: «¡Dame un respiro! ¡Te envié dos barcas y un helicóptero!»

Índice

Agradecimientos

La creación de la suerte es un proceso creativo de cooperación con Dios y con la gente de su comunidad. Tengo la suerte de contar entre mi comunidad a los amigos, familiares y colegas que me han ayudado a que este libro viera la luz y que me han enseñado lo que sé, respecto a crear suerte.

Hashem, el Dios al que rezo, me ha concedido innumerables bendiciones y ha sido mi socio en la creación de suerte. Para mí eres real y personal y he tenido la fortuna de sentir tu presencia y tu impacto en mi vida.

Sheree Bykofsky, agente literario, que vive, come y respira estos principios respecto a la suerte y que «pilló», inmediatamente, de qué va este libro.

Paula Murnier-Lee, anterior editora de la Adams Media Corporation que me ha bendecido, favoreciéndome no sólo con sus habilidades de edición sino también con su sentido del humor, su consideración por mi talento y la compasión por los días difíciles. Fue un privilegio trabajar con y para una editora tan cálida y accesible.

Mi esposo, Stephen, que me proporciona el mejor ejemplo de creación de suerte y que es mi pareja en la vida. Siempre que necesito un recordatorio del poder de Dios y de lo mágico que es encontrar cosas valiosas por casualidad, pienso en la forma en que nos conocimos. Siempre que necesito que me espabilen para recordar la manera en que podemos obtener suerte de lo que Dios nos da o destruirlo, pienso en lo mucho que trabajamos para que nuestro matrimonio siga siendo fuerte y comprometido. Tú me bendices y me desafías y tengo la suerte de poder disfrutar de ambas cosas.

Mis hijos, Sarah, Elana y Elijah, que me agotan pero que me deleitan casi siempre. Cuando contemplo vuestras hermosas caras, especialmente, en vuestros momentos angelicales, no puedo creer lo afortunada que soy. Hacéis que me convierta en una persona mejor y me dais una razón mejor para vivir.

Mi intuitiva consejera y amiga, Janese Johnson, que me ayudó a vivir los principios que aparecen en este libro, calmándome cuando estaba asustada, haciendo que recordara mi verdad y que me mantuviera en mi lugar. Me ayudaste a crear suerte haciendo que estuviera concentrada en las oportunidades positivas que estaban esperándome siempre.

Mi comunidad de colegas, amigos y camaradas de e-mail que me ayuda a no sentirme sola nunca y que siempre que les he necesitado han estado a mi disposición de innumerables maneras y me inspiran para que «dar» sea una prioridad en mi vida. Yo también he recibido de ellos lo que ha sido toda una bendición. No nombraré a cada uno porque la lista sería demasiado larga y porque sé que hay gente en el mundo cuyos nombres ni siquiera conozco, que me han ayudado a crear suerte en mi vida.

Gracias a todos.

Prólogo

por Jane Oviatt, ganadora de *¿Quiere ser millonario?* (EE.UU.)

Un día, le llevé a mi hija un *Happy Meal* de McDonald's. Mientras estaba sentada frente a ella en la mesa viendo como desaparecían las patatas fritas, me fijé que en la bolsa había un número de teléfono de línea 900. Lo acerqué más y examiné, brevemente, la letra pequeña. En un arranque de espontaneidad, tomé el teléfono y marqué ese número. Al instante oí una voz que me daba la bienvenida a lo que resultó ser uno de los acontecimientos más afortunados de mi vida.

En las semanas siguientes me convertí en la primera mujer que superaba los 100.000 dólares como concursante del programa de éxito *¿Quiere ser millonario?*, al ganar un premio de 125.000 dólares. Fui el tema principal de numerosos artículos en periódicos y revistas y me hicieron muchísimas entrevistas en la radio y la televisión. Sin embargo, lo más sensacional llegó cuando me pidieron que regresara en avión a Nueva York, para participar en una sesión fotográfica junto con Regis Philbin, para la portada de *TV Guide*.

Todavía sigo agitando mi cabeza absolutamente sorprendida, cuando recuerdo cómo me sentía cuando me encontré sentada en esa especie de silla/taburete charlando con Regis, ante una audiencia de 20 millones de televidentes. Y sin embargo, de una manera extraña, no estaba nada sorprendida. Desde el primer instante en que tomé el teléfono y empecé mi increíble viaje a través del «mundo de los millonarios», había visualizado ese momento. Hubo varias cosas que fueron clave para mi éxito, mis «cabos salvavidas» si se los quiere llamar así: confianza, pensamiento positivo, la confianza en que se hallarán cosas buenas y valiosas por casualidad, valor, la pura suerte y una mente rápida para captar los hechos.

El primer paso fue creer que podía hacerlo. El deseo y la confianza en mí misma me dieron la capacidad para hacer la primera llamada telefónica en que contesté bien a las preguntas preliminares. Luego, la suerte hizo su aparición: sacaron mi nombre al azar de entre miles de otros nombres para la ronda de calificación. Después se sucedió un torbellino de acontecimientos que me condujeron al escenario central de Norteamérica.

Todo ello: ganar la ronda de calificación, salir zumbando hacia Nueva York, recibir el «tratamiento de las estrellas», conseguir llegar a esa silla tan incómoda y los beneficios inesperados que sigo recibiendo; todo empezó con la creencia de que podía hacerlo. «Claro que podía sucederme a mí, ¿por qué no?»

Mi celebridad repentina no ha hecho un gran impacto en mi vida diaria. Sólo que ahora, mientras estoy cambiando un pañal sucio puede que, al mismo tiempo, un periodista de la revista *Good Housekeeping*, me esté haciendo una entrevista telefónica. Mis prioridades más importantes siguen siendo cuidar y atender a mi marido, John, a nuestras dos encantadoras hijas y a nuestro hogar.

Mientras leía *Cree su propia suerte*, muchos aspectos de mi experiencia como aspirante a millonaria fueron apareciendo en mi mente. Reconocí varias de las estrategias que había utilizado para alcanzar un objetivo que de lo contrario podría haber parecido demasiado caprichoso y extravagante para estar a mi alcance. Las ideas que Azriela Jaffe expresa van paralelas a aquellas con que la gente feliz y que tiene éxito gobierna sus vidas cada día.

Azriela puede que sea capaz o no de hacer que usted alcance su propio «taburete incómodo»; en última instancia eso es responsabilidad suya. Sin embargo, estoy segura de que se sentirá usted inspirada, como me sucedió a mí, por su punto de vista positivo y por sus consejos prácticos para la creación de suerte en lugares inesperados, incluso si resulta que se trata de una cadena de televisión de difusión nacional, o de su propio patio de atrás.

Introducción

Creo firmemente en la suerte y he descubierto que cuanto más trabajo, más suerte tengo.

THOMAS JEFFERSON

En el momento de escribir esto, una nueva moda está arrasando el país. El programa concurso de la cadena ABC: *¿Quiere ser millonario?* tiene millones de seguidores adictos al programa, incluyendome a mí misma, que lo sintonizan religiosamente para ver si el siguiente concursante puede alcanzar el «sueño americano», que no es otro que convertirse en millonario, literalmente, de la noche a la mañana.

En caso de que no haya visto nunca el programa, el montaje básico es el siguiente: un grupo de diez concursantes compiten entre sí para ganar la oportunidad de jugar, pero la competencia empieza antes de lo que ve la audiencia televisiva. Millones de aspirantes a millonarios insisten durante horas —el número casi siempre comunica— en marcar el número que les da la oportunidad de ser admitidos en el programa. Luego, si se es uno de los «afortunados» que superan este obstáculo, a él o ella y un amigo o familiar se les lleva en avión a Nueva York, donde sonreirá a la cámara de televisión y se le ofrecerá la posibilidad de calificarse para participar en el gran juego.

En este punto, lo que separa a los ganadores de los perdedores es menos de un segundo. Unos pocos concursantes afortunados, después de haber contestado correctamente una pregunta en el menor tiempo, consiguen llegar a la silla o taburete «candente» frente a la cual estará el amable y cálido presentador, Regis Philbin (en España, Carlos Sobera). El resto de los concursantes regresarán a sus hogares sin otra cosa que sus recuerdos, decepcionados por haber llegado tan lejos y haber estado tan cerca, pero estaba claro que no era para ellos.

El concursante que consigue jugar tiene la posibilidad de responder a quince preguntas, cada una de las cuales le otorga una cantidad de dinero que crece de forma exponencial hasta que se llega al premio final de un millón de dólares. Una respuesta equivocada puede enviar a las profundidades al concursante con un premio para tontos de mil dólares, o peor aún, puede hacerle volver a casa sin un céntimo. Si el concursante consigue superar los 32.000 dólares, quizá tenga que despedirse al llegar a los 936.000 dólares por culpa de una respuesta errónea. Es un juego lleno de un dramatismo humano muy atrayente. No debemos extrañarnos de que haya captado la atención de toda Norteamérica. Y, fíjese, todo gira en torno a la creación de suerte.

La suerte sólo favorece a la mente preparada.

LOUIS PASTEUR

Si usted ha visto el programa, sabe que las preguntas están siempre estructuradas de un modo parecido al siguiente. Pruébelo y verá como funciona:

Pregunta: ¿Qué respuesta de las siguientes es un ejemplo de pura suerte?
A) Haber nacido en una familia rica.
B) Conocer al amor de su vida en el metro.
C) Ganar la lotería de los 64 millones de dólares.
D) Su salvavidas (se le permite que telefonee a un amigo o familiar para pedirle ayuda) conocía la respuesta a la pregunta anterior respecto a quién esculpió la estatua ecuestre que se encuentra en el exterior del Vaticano.

Juguemos. Parte del encanto de ver este concurso es que es frecuente que los concursantes vayan haciendo comentarios en voz alta para llegar a la respuesta correcta. Así que imagínese que Heather, una hermosa mujer de unos cuarenta años que se gana la vida como agente de bolsa en Nueva York, se dispone a responder a esta pregunta. Podría decir:

«Bueno, veamos. Estoy segura de que tuve la suerte de que mamá supiera algo respecto a las bellas artes y que pudiera darme la respuesta correcta que me hizo ganar medio millón de dólares. ¡Lo que es seguro es que yo no sé nada en absoluto sobre caballos fuera del Vaticano! Pero, en realidad éso no es pura suerte porque yo tuve que decidir a quién iba a llamar y elegí a la persona adecuada, basándome en lo que sabía de mamá. Yo influí en esa suerte así que no era pura. Tachemos la posibilidad D.

»Ganar a la lotería sería estupendo. No tendría que sudar delante de 25 millones de personas, quedando como una estúpida si fallo y lo pierdo todo. Las posibilidades de ganar la lotería son prácticamente infinitesimales, ¡peores que las de que te caiga un rayo tres veces en toda una vida! Está claro que parece ser cuestión de pura suerte. Pero no es así, porque ¡hay que comprar el billete! Así que tampoco es C.

»Conocí a mi esposo en un autobús. Los dos nos dirigíamos a una reunión con un cliente en la misma zona. Yo pensé que era guapo de verdad y que se vestía como un ganador. Hubo una reacción química instantánea entre nosotros y antes de bajar en su parada, ya me había pedido el número de teléfono. El resto, como se dice, ya es historia. Hace doce años que estamos casados y a menudo decimos: "¿Qué les hubiera sucedido a nuestras vidas si no hubiéramos subido a ese autobús, ese día, precisamente a esa hora? Está claro que tuvimos suerte".

»Pero mi esposo necesitó valor para pedirme mi número de teléfono y yo lo necesité para decidirme a dárselo. ¿Qué hubiera pasado si hubiera resultado que él era un asesino en serie? ¿O si yo le hubiera dicho "¡No!"? Se hubiera sentido como un idiota, pero se arriesgó y me lo pidió. Así que, no, nuestro encuentro en el autobús tampoco fué cuestión de pura suerte. No es B.

»Así que sólo me queda "A". Haber nacido en una familia rica es pura suerte, porque el bebé no hizo nada para influir en ese nacimiento. La clase de familia, lugar geográfico, riqueza, raza, o lo que sea aquello con lo que nacemos no tiene nada que ver con nada que hayamos hecho. Se trata sólo de suerte, pura y simple suerte. Así que ésa es mi respuesta final A».

Disponemos de dos vidas. La que se nos da y la que podemos fabricar.

MARY CHAPIN CARPENTER

Regis Philbin respondería a su manera característica: «¿Está segura de que ésa es su respuesta final?».

«Sí, estoy segura. Respuesta final: A.»

«¡Correcto! ¡Acaba de ganar un millón de dólares.» El confeti inunda el aire, el público la vitorea y millones de televidentes contemplan a la recién bendecida Heather, babeando de envidia y mascullando para sus adentros: «¡Vaya, qué suerte tiene! ¡Con lo que yo podría hacer con un millón de dólares!».

A pesar de que A era la respuesta que se aproximaba más a la verdad respecto a la creación de suerte, casi la mitad del mundo cree en el karma y en la reencarnación. Usted podría decir que incluso en nuestra fase de almas, somos nosotros los que elegimos los padres y las familias en las que vamos a nacer, así que puede ser que en realidad no exista nada parecido a la suerte en estado puro.

El programa de televisión *¿Quiere ser millonario?* gira siempre en torno a la creación de suerte. No hay duda alguna de que se trata de pura casualidad que resulte que es usted una gran conocedora de vinos y que la pregunta del medio millón de dólares sea sobre un vino francés, o que no haya sido usted nunca aficionada a los deportes y que esa pregunta sea: ¿cuál es el récord de tantos de un jugador de la NBA? Pero también se necesita un valor, una habilidad, una persistencia y una desfachatez tremendos para llevar a cabo el viaje desde la sala de estar propia, a la silla o taburete más incómodo de Norteamérica. Cada concursante que aterriza en ese programa es un creador de suerte. Incluso los que no regresan a casa con el gran premio en dinero.

> *Al igual que sucede con una herencia inesperada, la buena suerte acostumbra a llegarnos inesperadamente como por arte de magia. Es cierto que, en ocasiones, damos unos pasos preliminares y preparatorios para colocarnos justo en medio del camino de la suerte. No se puede ganar a la lotería sin comprar un décimo o un número, como tampoco se puede ganar en el hipódromo sin hacer una apuesta.*
>
> NICOLÁS RESCHER

Es posible que haya personas que cuestionen un libro que tiene el título de *Cree su propia suerte*. «¿Qué quiere decir con eso de "Cree su propia suerte?" Yo pensaba que la suerte se presenta por causalidad y que no era algo que uno puede controlar. La suerte sólo es algo que le sucede a uno, ¿no? Si te encuentras en el lugar adecuado en el momento adecuado, los ángeles de la buena suerte te rociarán con polvo de hadas y *voilà*, ya te han concedido buena suerte.»

Erróneo. Hasta un punto mucho mayor del que cualquiera de nosotros admitiría con comodidad, no tenemos un control completo sobre nuestras vidas y estamos a merced de la buena y la mala suerte, del puro azar. No hay duda de que no fue culpa suya que viajara usted en ese avión que se estrelló en el océano, o que su casa fuera el objetivo de la ira de un tornado. En ocasiones no hay nada que se pueda hacer para evitar la tragedia que se cierne sobre uno.

Pero ¿y si su intuición le aconsejó que no subiera usted a ese avión y usted no le hizo caso? ¿Y si le hubieran aconsejado que construyera un refugio contra tornados en su casa, pero usted hubiera gastado ese dinero en la compra de un coche nuevo? En ocasiones, incluso los desastres que están fuera de nuestro control se ven influidos por nuestras acciones. Y en otras no. Es sólo cuestión de estar en el lugar equivocado, en el momento equivocado y con unas circunstancias desafortunadas. Por lo tanto, la creación de suerte positiva surge después de que la mala suerte haya sido un visitante inoportuno y no es otra cosa que la manera en que usted responde a la adversidad.

Mi esposo y yo habíamos planeado que nuestra boda se celebrara al aire libre, pero cuando llegó el día fijado, la temperatura bajó a 40 °F de la noche a la mañana, y tuvimos que celebrar toda la ceremonia en el interior. Yo dudo que tuviéramos mucha influencia en el tiempo que hizo ese día, a pesar de que está claro que habíamos rezado para que hiciera bueno. Pero sacamos el mejor partido posible de ello y 140 invitados se apiñaron en la sala de estar de mis suegros, lo que hizo que la atmósfera fuera bastante íntima y acogedora. Puede que incluso fuera lo mejor que podía sucedernos a pesar de que mi entrada triunfal no pasó del metro de longitud.

Hace poco llevamos a nuestros hijos a Disney World. Uno de los días y de manera completamente inesperada, mientras íbamos de aquí para allá por el parque, empezó a llover a cántaros. En unos minutos quedamos calados hasta los huesos ya que no llevábamos paraguas ni cualquier otra clase de protección. Mi pequeña Sarah se puso a pedirle a Dios en voz alta que el sol volviera a brillar. En unos momentos dejó de llover y el sol volvió a brillar. Ella sigue estando convencida de que Dios escuchó sus plegarias y las atendió. Yo no le he dicho lo contrario.

La suerte de encontrar cosas buenas o valiosas por casualidad, la casualidad, la coincidencia, la buena suerte, o como quiera llamarlo, no siempre está sujeta a nuestro control, a Dios gracias. Y lo digo porque la vida puede resultar aún mejor de lo que se había planeado. Sólo porque se encuentra usted en el lugar adecuado, en el momento adecuado, puede sucederle algo completamente inesperado y maravilloso y se encontrará agitando la cabeza maravillado por los milagros que se producen en este universo

Nos encontramos, a la vez, a merced de unas circunstancias completamente fuera de nuestro control y también capaces de influir en nuestras vidas hasta un punto tal que la mayoría de nosotros ni siquiera nos atrevemos a pensar. *Cree su propia suerte* le proporcionará técnicas para atraer más buena suerte a su vida y para que se libre de los obstáculos que usted interpone en su propio camino y a los que llamaremos: «destructores de la suerte» y «bloqueadores de la suerte».

Confío en que comparta mi respeto por los aspectos misteriosos de este mundo, por lo que hay en él de Dios y del universo y que ni siquiera se encuentra bajo nuestro control directo. Los principios de la creación de suerte tratan menos de *tener* el control que de *tomar* el control de lo que ya es suyo. La creación de la suerte tiene que ver con asociarse con algún ser o fuerza superior que usted crea que existe en el mundo.

La creación de la suerte también exige que crea usted que los milagros y la buena suerte son posibles y que usted se los merece, que pida lo que usted quiere y que esté dispuesto a trabajar duro para conseguirlo, que preste oídos a su intuición, que responda a las pruebas de la vida con flexibilidad, que sepa salir de apuro cuando no sea perfecto, que sea extraordinariamente paciente, que se entregue a sí mismo y que preste mayor atención a su buena suerte que a la mala. La creación de la suerte es una habilidad que puede usted aprender y una actitud ante la vida que puede dominar.

El destino no es cuestión de suerte, es cuestión de elección.

ANÓNIMO

Así que creemos algo de suerte juntos.

Conductas que influyen en la suerte

En cada uno de los capítulos, el texto se organiza en cuatro enfoques diferentes a la suerte.

Creadores de suerte

Son conductas que incrementan al máximo el potencial que tiene usted para hacer llegar la buena suerte a su vida.

Usted transforma un acontecimiento repleto de posibilidades en aquello que usted quiere, exactamente. Usted actúa con una pequeña oportunidad en el momento adecuado exacto, y precisamente de la manera que lo convierte en la oportunidad de toda una vida. Usted presta atención a una coincidencia misteriosa y realiza el cambio mental que le permite ver una situación de una forma más positiva o abierta.

Para crear su propia suerte ha de querer que en su vida haya más conductas y más personas creadoras de suerte. Este libro le ayudará a encontrarlas y desarrollarlas.

Si la suerte fuera una posible pareja de baile, los creadores de suerte atraerían al guapo caballero o a la sensacional damisela que se encuentran al otro lado del salón y le invitarían a bailar. Una vez que están juntos, se enamoran y —juntos— crean una hermosa música.

Destructores de la suerte

Son las conductas que destruyen la suerte que usted tuvo o que estaba a punto de tener, pero que perdió o renunció a ella.

Tuvo la suerte al alcance de su mano, pero dejó que se le escapara. Perdió la paciencia y se enemistó con la única persona que podía darle —exactamente— lo que usted necesitaba. Casi consiguió el trabajo de sus sueños, pero tuvo miedo de no estar a la altura de la tarea y renunció a él quedándose en ese trabajo que odia. Achacó una coincidencia increíble a la casualidad y no hizo nada respecto a ella. Es usted quien sabotea su éxito o el que se rodea de gente que absorbe todo su optimismo.

Para crear su propia suerte, necesita reducir al mínimo las conductas o la gente que destruye la suerte en su vida. Este libro le ayudará a hacerlo.

Si la suerte fuera una posible pareja de baile, los destructores de suerte atraerían al guapo caballero o a la sensacional damisela que se encuentran al otro lado del salón y le invitarían a bailar y luego, se pasarían el tiempo haciéndole caer al suelo, antes de salir disparados en un ataque de rabia por haber sido tan idiotas, o por haber elegido una pareja tan torpe.

Bloqueadores de la suerte

Son las conductas que impiden que la suerte ni siquiera pase por su vecindad.

Usted no está atrayendo o perdiendo la suerte, la está repeliendo. Si presenta estas conductas con la frecuencia suficiente, empezará a decirse a sí mismo y a los demás que es una persona desafortunada, o sea que no tiene suerte e incluso, habrá ocasiones en que creerá que jamás volverá a tener suerte. Estas conductas son el equivalente de llevar una gran sombrilla abierta en un día soleado y luego quejarse de que no puede notar ni la luz ni el calor del sol. Mientras que en el caso de los comportamientos destructores de suerte se echará la culpa a usted mismo, es frecuente que los bloqueadores de suerte parezca que no son culpa suya. Puede que sea cierto, pero en ocasiones es usted y no las «circunstancias de la vida» lo que está manteniendo alejada a la suerte.

Para crear su propia suerte debe evitar, siempre que sea posible, las conductas que la bloquean. Y cuando lo haga, tan pronto como despierte y se dé cuenta de lo que ha hecho, acepte la responsabilidad de sus actos y vuelva a comportarse de una forma que cree suerte.

Si la suerte fuera una posible pareja de baile, los bloqueadores de suerte ni siquiera se molestarían en ir al baile porque pensarían que son demasiado feos para atraer a alguien decente, o porque estas fiestas son algo realmente estúpido, o porque prefieren quedarse a beber en el bar de la localidad, o porque se niegan a ser tan vulnerables. Los bloqueadores de la suerte llevan una gran señal que le transmite al universo: «¡Dejadme en paz y buscad a otro con el que bailar!».

Ejercicios del diario de la suerte

Son preguntas sobre las que meditar y que le ayudarán a conocerse mejor tanto a usted mismo como a las conductas que influyen en la suerte.

A lo largo del libro se le pedirá que complete docenas de ejercicios del diario de la suerte para ayudarle a aprender más respecto a sí mismo y a cómo puede crear suerte. Le rogamos que compre un cuaderno para utilizarlo como su «diario de la suerte». Cuando se sienta motivado para ello, haga los ejercicios que se ofrecen en este libro. Puede que se limite a elegir un par de ejercicios que sean los que le atraigan más, o puede que decida hacer cada uno de los ejercicios con que se vaya encontrando a medida que lea el libro. Es decisión suya. La creación de la suerte tiene mucho que ver con que sea honesto consigo mismo y con lo que le funciona.

* * *

Si espera tener conductas de las que crean suerte en cada uno de los momentos del día, lo único que hará será exponerse al desencanto y al fracaso. De hecho, ¡tener una expectativa irracional respecto a sí mismo es un bloqueador de la suerte!

Si Dios quiere tendrá usted cientos de miles, sino millones, de momentos en los que podrá elegir entre tener conductas creadoras de suerte, conductas que la destruyan o que la bloqueen. Confío que gracias a un estudio cuidadoso de este tema, consiga desarrollar costumbres que creen suerte. Y cuando, de vez en cuando, dé un resbalón, tenga dentro suyo un testigo que se dé cuenta y haga los ajustes necesarios para devolverle rápidamente al camino de creación de suerte.

Gracias a Dios, la vida no es como la lotería en que uno compra un billete y se gana o se pierde. Si pierde no será nunca nada tan desesperanzado o definitivo. Se parece más a la mesa de un banquete al que usted asiste y en el que cada día decide si va a comer las delicias de *gourmet* que le ofrecen o se limitará a comer las migajas que caigan de la mesa. Incluso en un día miserable en el que sus comportamientos se considerarían más bloqueadores y destructores que creadores de suerte, ha de ser consciente de que mañana podrá hacer una elección diferente.

1

Abra su mente

La mayoría de los progresos en la historia de la humanidad han sido realizados por gente que no aceptó que algo era imposible.

BILL O'HANLON

Creador de suerte: desarrolle una mentalidad abierta

Cuando se trata de milagros, hay personas que piensan: «¡Lo creeré cuando lo vea!». Los individuos que fabrican suerte adoptan una postura diferente: lo creen y luego lo ven. No estoy hablando, únicamente, de maravillas increíbles como Dios hablando con Moisés desde una zarza ardiendo. El mar Rojo no tiene que abrirse para «entenderlo»: en el universo actúa una fuerza misteriosa que entra y sale de nuestras vidas.

La palabra «milagro» o «Dios» tiene, para cada uno de nosotros, connotaciones diferentes y nos hace evocar una imagen distinta, dependiendo de nuestras creencias y de la doctrina religiosa a la que se pertenece. No sabemos exactamente quién o qué es Dios, o cómo se produce un milagro. Hay partes del mundo que no podemos conocer y a las que podemos intentar acceder por medio de la oración, la música, la danza y el estudio, pero que siempre seguirán siendo un misterio.

En algún momento, el 86 % de los seres humanos llega a la conclusión de que existe un poder, al que llamamos Dios, que es más grande que nosotros, que influye en nuestras vidas, que nos vigila y que, en muchos casos, responde a nuestras plegarias. Para crear la suerte en nuestras vidas nos volvemos cocreadores con este poder superior. Incluso aquellos que han experimentado grandes tragedias en sus vidas —las víctimas del Holocausto, los padres que pierden un hijo por culpa de un conductor borracho, y demás— puede que le griten a Dios y se pregunten cómo es posible que Dios haya permitido que una cosa así suceda, pero, sin embargo, siguen creyendo y dependiendo de este poder superior.

Para tener suerte no es necesario que crea en Dios o le rece. Los ateos pueden comprar un billete de lotería, conocer a la chica adecuada en una fiesta, o conseguir el trabajo de sus sueños a través de Internet. La creación de suerte no requiere un sistema de creencias religiosas o una plegaria.

La gente crea más suerte cuando tiene un punto de vista, generalmente, abierto y optimista hacia la vida, que incluye una conciencia y una apreciación de lo misterioso e imponente que puede ser el universo y la humildad necesaria para comprender que no tiene el control completo sobre sus vidas. La mayoría de esas personas tiene fe en un poder superior de alguna especie, pero algunas no la tienen.

Vivimos en una sociedad en la que los científicos y las personas racionales intentan explicarlo todo. Parte de la creación de suerte y de sentirse afortunado es abrir su mente para interpretar los acontecimientos diarios como algo con significado y guiado, en lugar de ser simplemente algo debido al azar. ¿Qué es lo que se dice a sí mismo cuando le sucede algo positivo a usted o a alguien a quien usted ama, que no puede explicar por medio de un razonamiento de causa y efecto? Hay personas que cada día se encuentran con el serendipismo (el don de encontrar cosas valiosas o agradables sin buscarlas o sea por casualidad) porque lo buscan. Otras no lo ven nunca porque nadie puede demostrarles que no se trata únicamente de una coincidencia fenomenal o de una buena, sencilla y corriente programación en el tiempo.

Si me ofrecen la posibilidad de elegir entre creer en los milagros, en el serendipismo, en un universo en el que las coincidencias significativas puede que sean «Dios disfrazado», y la idea de que, en cierto modo, todos estamos destinados a encontrar nuestras almas gemelas y el modo adecuado de ganarnos la vida, o creer que todo lo que sucede en la vida es debido a la pura suerte, al azar y a las leyes de la física, yo elijo lo primero. No hay nada que esté bien o mal, pero como sea que tengo que elegir mis creencias, me adhiero a la filosofía que me proporciona mayor esperanza, alegría y suerte.

El que usted crea en Dios y en un poder superior en su vida, es problema suyo. Mi problema, como autora de este libro, es ayudarle a ver la conexión entre el hecho de abrir su mente y la creación de suerte.

Una mente cerrada no es una mente, es una máquina. Descarga automáticamente lo que ya se encuentra en ella. Una mente abierta quiere la verdad que resulta del contraste de opiniones; una mente cerrada sólo está interesada en seguir creyendo lo que sea que cree ahora.

KEN KEYES, JR.

Creador de suerte: crea en lo imposible

Sea lo que sea lo que usted quiere, puede conseguirlo, si es que lo quiere con la suficiente intensidad y sigue queriéndolo, siempre que el objeto querido sea razonable ¡y usted crea de verdad que lo conseguirá! Sin embargo, existe una diferencia entre simplemente «desear» algo y creer, de verdad, que se conseguirá. La falta de comprensión de esta diferencia ha representado el fracaso para millones de personas.

NAPOLEON HILL

Esta historia anónima, que navegó por todo Internet, ilustra de una manera hermosa el hecho de que en ocasiones, la respuesta a nuestro problema está a nuestra disposición, pero aún no la conocemos. Cuando abrimos nuestras mentes para creer que lo que puede que parezca imposible es realmente posible, ya sea por medio de la intervención de Dios o gracias a alguna solución que todavía desconocemos en este momento, se produce la suerte.

Una pequeña congregación al pie de las *Great Smokies* construyó un nuevo santuario en un terreno que un miembro de su congregación les había dejado en su testamento. Diez días antes de la inauguración de la nueva iglesia, el inspector local de edificaciones informó al pastor de que el aparcamiento era inadecuado para el tamaño del edificio y que, por lo tanto, hasta que la iglesia no duplicara el tamaño del aparcamiento, no podrían utilizar el nuevo santuario.

Desgraciadamente, la iglesia, con su aparcamiento menor de lo necesario, había utilizado cada palmo de terreno disponible excepto el de la montaña contra la que había sido construida. Para crear más espacios de aparcamiento, tendrían que sacar la montaña del patio de atrás.

A la siguiente mañana de domingo el pastor, sin amilanarse, anunció que esa tarde se reuniría con todos los miembros de la congregación que tuvieran una «fe capaz de mover montañas». Celebrarían una sesión de oración pidiéndole a Dios que quitara la montaña del patio de atrás y para que, de algún modo, les proporcionara suficiente dinero para tener el aparcamiento pavimentado y pintado antes de la ceremonia de consagración, programada para la semana siguiente.

A la hora fijada, 24 de los 300 miembros de la congregación se reunieron para rezar y lo hicieron durante casi tres horas. A las diez en punto de la noche, el pastor dijo el «Amén» final y aseguró a todo el mundo: «El domingo próximo consagraremos la iglesia tal como estaba programado, porque Dios no nos ha abandonado nunca antes y yo creo que, esta vez, también estará con nosotros».

La mañana siguiente, cuando estaba trabajando en su estudio, llamaron a la puerta. Cuando dijo: «Pase», apareció un capataz de la construcción que, quitándose el casco al entrar, le dijo: «Perdone, reverendo. Soy de la empresa de construcción Acme del condado vecino. Estamos construyendo un enorme centro comercial y necesitamos algo de tierra de relleno. ¿Estaría dispuesto a vendernos una parte de esa montaña que está detrás de la iglesia? Si pudiéramos llevárnosla ahora mismo, le pagaríamos la tierra que nos lleváramos y le pavimentaríamos toda el área que quedara al descubierto, sin cargo alguno. No podemos hacer nada más en la obra hasta que no llevemos la tierra necesaria y dejemos que se asiente adecuadamente».

La pequeña iglesia fue consagrada el domingo siguiente tal como se había planeado al principio, y ¡asistieron muchos más miembros con una «fe de la que mueve montañas» de los que había la semana anterior!

Puede que éste sea, sencillamente, un caso de oportunidad y de pura casualidad. Dos caminos se cruzan con algo que ofrecer al otro y todo el mundo sale ganando. ¡Qué suerte! ¿La congregación creó esa suerte rezando a Dios? Nunca lo sabremos. La respuesta de Dios podía haber sido: «No, mover esa montaña no es lo que más le conviene a todo el mundo». Y entonces, los 276 fieles que no acudieron a la plegaria podrían haber dicho: «¿Veis, ya os dijimos que era imposible!».

Al Rabino Kotzker, sus estudiantes le preguntaron: «Dinos Rabí, ¿dónde está Dios?». Y la respuesta del rabino fue: «En todo lugar en que le dejéis entrar».

Tener una mentalidad abierta le inspirará a buscar una solución a sus problemas incluso cuando parezca imposible, porque usted comprende que su mente no puede abarcar la totalidad de soluciones que el universo pone a su disposición. Una mentalidad abierta le estimula para que experimente y ponga en práctica nuevas acciones que ensancharán su vida. Una mentalidad abierta le permite crear suerte partiendo de una vasto terreno de juego en lugar de un pequeño y estrecho rincón de una sola habitación. Una mentalidad abierta le trae suerte, bajo unas formas que usted ni siquiera había pensado o había pedido.

MaryAnne Motter Cullen es una mujer, madre de nueve hijos que ejerce de abogada y de escritora *free-lance* en Lancaster, Pennsylvania (EE.UU.), que jamás ha comprendido que la palabra «No» significara otra cosa que «No de este modo; busquemos otro». Ella pone a su disposición el ejemplo siguiente de solución creativa de problemas que puede utilizar cuando crea que algo que usted quiere, es posible:

> Cuando tenía 15 años empecé a seguir cursos de verano en la Universidad Franklin and Marshall. En agosto de ese año tenía una cita para hablar con el asesor de admisiones respecto a la posibilidad de que yo acudiera a F&M, a media jornada durante mi último año de instituto. Sin embargo, de camino a la reunión estuve hablando con mi madre de lo duro que sería ir y volver a F&M desde el Instituto de Columbia, ya que tendría que tomar el autobús.

> Entonces tuve una idea, ¿por qué no preguntarle al consejero de admisiones si sería posible que acudiera a F&M a jornada completa? Yo esperaba que se riera de mí y pensara que estaba completamente loca, pero, ante mi sorpresa, el consejero salió unos minutos (supongo que para consultarlo con alguien) y al regresar nos dijo a mi madre y a mí que me daban la bienvenida para asistir a tiempo completo a F&M, si podía arreglármelas para graduarme en el instituto antes de graduarme en F&M.

> Volví al Instituto de Columbia y lo arreglé para que cualquier materia que siguiera en la universidad también contara para mi graduación del instituto. Eso no se había hecho nunca antes ni en la F&M ni en el

Instituto de Columbia, pero como yo lo había pedido, lo habían tenido en cuenta.

Después de que me admitieran como estudiante a tiempo completo en la F&M, en 1969, recibí mi diploma del instituto y fui la alumna de la clase de 1970 del Instituto de Columbia que pronunció el discurso de despedida. Como sea que seguí cursos extra y asistí durante todo el año a la F&M, recibí mi título de bachiller en artes en 1971, magna cum laude y Phi Betta Kappa, a la edad de 17 años. ¡Nada de esto hubiera sido posible si no hubiera tenido el valor de pedir lo que quería!

Ahora, a los 46 años, a menudo necesito mirar atrás y recordar lo valiente que era en mi juventud. A medida que nos hacemos mayores, los miedos y las dudas se van asentando y es más difícil que se corran riesgos.

Este libro no le enseña a crear suerte siguiendo una fórmula precisa. La creación de suerte sólo es, en parte, planificación científica y estratégica. También exige tener una mentalidad abierta que nos permita movernos con el flujo e ir detrás de algo que no estaba en nuestros planes originales, algo que no sigue los mapas que uno posee o los sistemas de creencias con los que nos educaron.

La gente de mentalidad estrecha y rígida se pierde oportunidades porque está tan aferrada a sus mapas que cuando sucede algo fuera de lo corriente que indica un camino diferente no hace caso de ello y rehúsa apartarse del camino familiar que ya conoce.

Debe tener unos valores y unas creencias que le guíen ya que son las señales y las anclas que conforman su vida y definen quién es usted. No es aconsejable convertirse en un camaleón que cambia de creencias y de ideas cada vez que se ve expuesto a algo nuevo. Su vida y la de aquellos a los que ama funcionarán mejor si hay consistencia en ellas. Pero los creadores de suerte son también personas flexibles que tienen una mentalidad abierta que les permite aprender de otras personas con un punto de vista diferente y que están dispuestos a volver a considerar una postura cuando la vida les da un motivo para volver a examinarla.

Ríndase a un mundo que no siempre sigue unas reglas estrechamente prescritas. A pesar de que tendrá que dejar de hacer ver que tiene usted el control, atraerá más suerte a su vida y eso parece un intercambio justo.

Creador de suerte: espere tener buena suerte

La esperanza labra y abre un camino para que el universo llegue hasta su puerta. Al hacerlo se convierte en profética, ya que ayuda a crear el futuro.

LAURIE BETH JONES

¿Por qué funcionan los amuletos de la suerte? ¿Alguna vez ha tenido una pata de conejo o una superstición como: «Tengo que llevar mi traje de la suerte para esa entrevista de trabajo»? Las cosas físicas no llevan, de manera inherente, una suerte especial pero sí que *pueden* traerle suerte porque usted espera que lo hagan. Una actitud positiva respecto a la suerte la atrae; así es como funciona.

¿Confía usted en tener buena suerte, o la espera? Consiga distinguir entre una expectativa arrogante —como que es usted el rey del universo y se merece tener todo lo que quiera— y una serenidad interior que procede de creer que el mundo es un buen lugar, que usted está bien atendido, que siempre ha recibido todo lo que necesitaba y que seguirá siendo así en el futuro.

Las personas que crean su propia suerte creen con absoluta certeza que tendrán todo lo que necesitan, incluso si no siempre están seguros de la manera en que van a conseguirlo y hay momentos en la vida en que la suerte parece que les elude. Para la gente afortunada, la mala suerte es temporal y todo acaba siempre por salir bien. Eso no significa que la gente afortunada no pase días difíciles cuando duda de sus capacidades, o de Dios, para manifestar lo que necesita y quiere. Pero esos momentos oscuros no son otra cosa que una tormenta pasajera. Para ellos, la realidad diaria es un cielo soleado y un jardín repleto de flores y de vegetación en el que hacer crecer algo nuevo cada día.

Eso nos lleva a la proverbial pregunta del huevo y la gallina. Si cree que la suerte está de su parte y que el mundo es un lugar de abundancia, su actitud positiva creará más suerte, lo que no hará otra cosa más que confirmar su creencia de que es usted una persona afortunada. ¿Qué fue primero? ¿La actitud positiva o el flujo de abundancia que conduce a este optimismo? O, para decirlo de otra forma, si cree que no tiene usted suerte y ve el universo como un lugar de escasez y de recursos competitivos, ¿consigue lo que espera?

Si tiene una racha de mala suerte o de carencia de buena suerte, he aquí una sencilla estrategia para darle la vuelta a las cosas. Al principio puede que le parezca artificial, pero hágalo de todos modos.

Empiece por creer que va a tener suerte. Espérela y llegará. Espérela incluso cuando no esté completamente seguro, sólo porque este libro le ha dicho que lo haga y está dispuesto a experimentar. En este caso, *existe* una respuesta a la pregunta de la gallina y el huevo. ¡Espere primero a la suerte y llegará!

El universo está compuesto de energía que responde a la energía que emitimos. Creamos y recibimos de acuerdo con lo que esperamos y luego utilizamos los resultados como evidencia de nuestras creencias respecto al mundo y al lugar que tenemos en él. Espere abundancia y llegará y entonces dejará usted de sentirse como un impostor.

La suerte llega después de las expectativas. En cuanto espere la llegada de la suerte perderá sus dudas y se dedicará a realizar aquellas acciones que la atraerán hacia usted. Goethe lo expresa muy bien:

> Hasta que uno se ha comprometido existe la duda, la indecisión, la posibilidad de retirarse, siempre la ineficacia. Existe una verdad elemental que concierne a todos los actos de iniciativa y de creación, y cuya ignorancia mata innumerables ideas y planes espléndidos. En el momento en que uno se compromete definitivamente, empiezan a suceder toda clase de cosas que, de lo contrario, jamás hubieran sucedido. De la decisión comprometida surge todo un torrente de acontecimientos que suscitan —en favor de uno— toda clase de incidentes, reuniones y asistencia material, que nadie podría haber soñado que le sucedieran.

> Sea lo que sea lo que puede hacer o soñar, puede empezar. El atrevimiento posee genio, poder y magia dentro de sí. Empiece ahora...

La buena disposición para comprometerse procede de tener la expectativa de que si lo hace usted así, todo saldrá estupendamente.

Creador de suerte: cuando tenga usted suerte, créaselo

Si creemos que en el mundo hay otra gente que es afortunada pero que eso no nos sucede a nosotros, creer en el concepto de crear suerte hace que el tiro salga por la culata ya que entonces nos sentimos como perdedores de verdad y pensamos: «Hay otra gente que tiene suerte pero no yo, así que debo de tener algo malo de verdad».

Ann Bidou es copropietaria de T100 Toymakers, un negocio de fabricación de piezas antiguas para las motocicletas Triumph de Trumbull, Connecticut (EE.UU.). Ella nos dice de qué manera crea suerte en su vida. Fíjese en cómo pasa de una filosofía general respecto a la suerte, a sus creencias personales respecto a su propio potencial de suerte:

Primero, debe creer que lo imposible es posible. He aprendido que la mayoría de cosas son mucho más posibles de lo que creemos en un principio. En segundo lugar, ha de querer algo con todo su corazón y sin conflictos y ese algo llegará. El universo no parece capaz de negarle algo a alguien que no tiene conflictos. En tercer lugar, sienta que tiene derecho a ello. En muchas ocasiones la suerte se presenta pero la gente se aparta de ella porque piensa que no es posible que se merezca algo tan bueno. Lo que me lleva a recomendarle, sinceramente, que cuando le suceda, debe usted creérselo. Las personas acostumbran a encontrarse cara a cara con la suerte y a no creérselo. Puede que si le sucede algo maravilloso de verdad, tarde unos momentos en darse cuenta de ello y en aceptarlo, pero ¡aguante esa incomodidad!

Ann tuvo la oportunidad de emplear esa filosofía de la suerte en su vida, cuando participó en un concurso radiofónico para conseguir un papel breve y sin texto en la película de Howard Stern *Private Parts*. Tuvo que escribir unas 25 palabras diciendo el motivo por el que quería aparecer en la película. Recuerda:

No podía sacármelo de la cabeza. Durante tres días escribí esas 25 palabras una y otra vez. Al principio pensé que participarían miles de personas y que, por lo tanto, no tenía posibilidad alguna. Luego recordé que me había encargado de un concurso para una empresa en la que había trabajado y que me sorprendió la poca cantidad de personas que participaron. Así que me presenté al concurso y gané. Hablando de encontrarse cara a cara con la suerte y no creérselo, les costó casi un cuarto de hora de emisión convencerme de que era cierto.

Su escrito decía: «Soy fisioterapeuta, tengo los ojos verdes y soy pelirroja. Peso unos 50 kilos y no quiero hacerme famosa. Sólo quiero andar por el plató y dar masajes entre tomas».

¡Chica lista! No es extraño que ganara. La gente afortunada es creativa.

Ahora bien, si no es usted una *fan* de Howard Stern, puede pensar que estar cerca de él es *tener mala suerte*. Eso es lo sensacional de la suerte, ¡es tan personal! Primero Ann tenía que saber qué es lo que quería: un papelito en la película de Stern. Luego tenía que creer que alguien podía ganar esta oportunidad participando en el concurso. Y luego la parte más difícil: tenía que creer que *ella* podía ser la persona seleccionada. Sin esa creencia hubiera abandonado y tirado su solicitud a la papelera.

Fíjese, Ann no tenía una expectativa egocéntrica respecto a la suerte como: «Sé que estoy entregando la solicitud ganadora y por muchos miles de solicitudes que haya, ¡yo ganaré!». No redactó la solicitud a toda prisa y luego se estuvo repitiendo afirmaciones respecto a ganar, cien veces al día. Lo que sí hizo fue hacerlo lo mejor posible y convencerse de que sus posibilidades de ganar eran suficientes para que valiera la pena el esfuerzo de participar. Luego estuvo encantada de haber ganado, pero si no lo hubiera hecho, tampoco hubiera quedado desolada.

Bloqueador de la suerte: pensamiento pesimista y estrecho de miras

Un pensamiento tóxico y unas personas negativas pueden eliminar la suerte de su vida. Ann tuvo un momento así cuando una voz interior le dijo, básicamente: «¿Que vas a hacer qué? ¿Estás loca? ¿Nunca ganarás?» O, ¿qué hubiera pasado si otras personas lo hubieran dicho y ella les hubiera escuchado?

¿No ha desenganchado una garrapata de su piel cuando la ha descubierto alimentándose de su cuerpo? Si la pilla a tiempo, en un momento habrá desaparecido. Sin embargo, si la deja demasiado, puede causar estragos en su cuerpo, incluso diseminando enfermedades graves por su corriente sanguínea.

Así es como funciona el pensamiento tóxico. Atrape sus pensamientos negativos desde el principio y será capaz de deshacerse de ellos si habla consigo mismo de una manera optimista y por medio de las acciones positivas que comentamos en este libro. Si espera a que todo su ser esté infestado de creencias negativas, verá que ya no es nada fácil invertir el proceso y luego, puede que empiece a buscar pruebas de que tiene usted razón cuando dice que el mundo es un lugar feo y malvado y si busca lo suficiente, encontrará la prueba que está buscando. Tal y como le gusta decir a la autora de éxito, Susan Page: «¡Bien por usted, ha conseguido el premio para tontos (el de consolación), así que debe de tener razón!».

De vez en cuando, todos padecemos ataques de pesimismo y de mentalidad estrecha. ¿Cuál es la fuente de las creencias negativas que puede que le impidan crear suerte? No podrá desmontar algunas de ellas, hasta que las descubra en su ser.

Diario de la suerte: ¿cuáles son las raíces de mi estrechez de miras y de mi pesimismo?

Responda a las preguntas siguientes que le ayudarán a diagnosticar algunas de las fuentes de su pensamiento pesimista respecto al mundo y a sí mismo.

1. ¿De qué y de quién tenían miedo sus padres? ¿Creían en alguna especie de poder superior o en un Dios benevolente y compasivo? ¿Creció usted creyendo que el mundo es un lugar amable y seguro?

    Si no fue así, ¿a su familia le sucedió algo realmente terrible que conformó una opinión temerosa y negativa del mundo?

2. ¿Por qué motivo le criticaron siendo niño? ¿Qué creencias tiene usted respecto a sí mismo que le limitan? ¿Qué es lo que teme que la gente descubra respecto a usted?

3. ¿Qué etiquetas negativas se ha colocado usted mismo? Soy una persona
    _____.

4. ¿Qué etiquetas negativas ha colocado al mundo? El mundo es un lugar
    _____.

5. Cuando se pone a pensar en la escasez —o sea a creer que no conseguirá lo que necesita— ¿qué es lo que acostumbra a hacerle pensar de esa forma? ¿Influye en usted la gente que tiene esa opinión del mundo?

6. ¿Qué es lo que cree respecto al dinero y a la prosperidad? ¿Qué le asusta en cuanto a tener gran cantidad de dinero y de poder? ¿Qué le asusta en cuanto a no tener suficiente dinero y poder?

7. ¿Cree usted que las personas son básicamente buenas o malas, o que tienen posibilidad de elegir? ¿Dónde desarrolló usted estas creencias? ¿Le

ha herido, física o emocionalmente, alguien que usted piensa que es malvado? ¿La sombra de esa persona le sigue persiguiendo?

8. ¿Cuáles son las creencias respecto a la buena suerte, en general, que le limitan? ¿Cree usted que sólo existe una cierta cantidad de suerte y que si otra persona tiene suerte, usted no la tendrá? ¿Hasta qué punto cree que puede controlar a la suerte?

9. ¿Cuáles son las creencias respecto a su capacidad de atraer y crear suerte, que le limitan? ¿Cree usted que existe una persona básicamente afortunada o desafortunada? ¿Qué experiencias son las que han formado estas creencias? ¿Cree que es capaz de cambiar su suerte? ¿Se merece tener suerte? ¿Por qué? ¿Por qué no?

10. ¿Cuáles son sus imágenes de Dios? Cuando era niño, ¿le retrataron a un Dios airado y justiciero, o a uno compasivo y benéfico? ¿Cree usted que es posible que una persona normal y corriente esté cerca de Dios? ¿Acercarse a Dios le asusta por algún motivo?

11. ¿Qué supersticiones tiene usted respecto a la suerte? Por ejemplo, ¿cree que si habla de algo bueno se va a estropear? ¿Le preocupa que el martes y 13 pueda ser un día desafortunado? ¿Alguna otra cosa?

12. ¿Ha creído alguna vez en la «Ley de Murphy» o la cita, o sea que si algo puede ir mal, irá así? ¿Quién se lo enseñó? Si pudiera inventar una ley nueva más optimista, ¿cuál sería?

Bloqueador y destructor de la suerte: esperar la decepción

Si esperar la buena suerte es una de las herramientas más vitales de su arsenal de la suerte, una expectativa negativa también es uno de sus bloqueadores y destructores más potentes de la misma. Una de las expectativas negativas más penetrantes y más peligrosas es la de esperar ser decepcionado o desengañado. Si la lleva consigo, incluso si consigue llevar buena suerte a su vida, esperará que desaparezca y que no dure mucho. Si adquiere amigos sinceros y atrae gente positiva a su vida, usted espera que le abandonen. Y de hecho, usted crea estos resultados para tener razón y estar solo.

Es frecuente que esta actitud a lo largo de la vida proceda de una intención positiva de su parte.

Puede que cuando era niño le decepcionaran mucho y en un intento de proteger a ese niño vulnerable, usted desarrollara un mecanismo de defensa: el de creer lo peor respecto a la gente y a la vida y así no quedaría tan desolado cuando algo o alguien le hiciera daño. Usted espera que le decepcionen y, por lo tanto, eso no será una sorpresa.

La defensa funcionó bien para amortiguar el dolor, pero ahora mantiene lejos de usted a la buena suerte. Dejó de esperar que le sucedieran cosas buenas de verdad y, por lo tanto, no le suceden con tanta frecuencia como podrían. O si lo hacen, puede que usted las aleje para estar de acuerdo con su expectativa interna de desencanto.

Saque su diario de la suerte y haga la prueba siguiente para ver hasta qué punto eso es un problema actual para usted.

Diario de la suerte: ¿hasta qué punto espero el desengaño en mi vida?

Haga la prueba siguiente respondiendo a las preguntas y puntuando cada afirmación del modo que se indica a continuación:

En mi caso:

1. Es muy raro que sea verdad.
2. De vez en cuando es verdad.
3. A veces es verdad.
4. Con frecuencia es verdad.
5. Casi siempre es verdad.

1. La gente que me importa me decepciona.

2. Cuando la gente me decepciona, me enfado de verdad.

3. Además de sentir ira, me siento muy triste al no poder contar con que la gente estará ahí si la necesito.

4. A veces me siento realmente solo y deprimido.

5. Sentirme decepcionado de los demás es un sentimiento muy familiar. Me recuerda mi niñez.

6. Pienso: «¿por qué me ha hecho eso esa persona? ¡Me merezco algo más!».

7. Muy en el fondo tengo miedo de no merecerme algo mejor.

8. Intento hacer cambiar a alguien que me decepciona, pero ¿por qué he de molestarme? Él o ella no cambiará jamás.

9. Me siento abrumado por pensamientos pesimistas. Tengo miedo de que nunca conseguiré lo que quiero de verdad.

10. Vivo casi siempre en el futuro. Mis necesidades no parecen nunca quedar satisfechas en el presente.

11. Cuando consigo lo que yo pensaba que quería, quedo decepcionado y deseo alguna otra cosa.

12. Ensayo, mentalmente, un diálogo imaginario con alguien que me está decepcionando.

Puntuación:

12-36: ¡Muy bien! La mayoría del tiempo se toma la decepción tal como se presenta, no esperándola necesariamente ni permitiendo que el miedo a la misma impregne su actitud hacia la gente y la prosperidad. Es básicamente optimista respecto al modo en que interactúa con los demás.

37-48: ¡Felicidades! es usted normal. Tiene una actitud básicamente optimista hacia la vida, pero ha experimentado su cuota de decepciones y hay una parte de usted que está en guardia y es cautelosa respecto a depender demasiado de nadie. No predice el desencanto pero tampoco le sorprende cuando aparece. La parte de usted que es precavida no siempre gana, así que aún puede seguir llevando suerte a su vida.

49-60: Para usted es un problema candente y un gran bloqueador de la suerte. La espera del desencanto y el prepararse para su aparición es un tema continuo en su vida. Nunca se sorprende cuando se produce y, de hecho, la mayor parte del tiempo tiene planeado que suceda. A pesar de que le gustaría ser una persona optimista, sus creencias respecto a los demás seres humanos y la manera en que se presentará la vida, para usted, son primordialmente pesimistas.

Es probable que este patrón de conducta haya sido implantado en usted desde su niñez y exigirá una cierta atención concentrada para invertirlo. Pero puede empezar precisamente ahora, con una expectativa positiva; espere que *le dará usted la vuelta* y el mundo empezará a parecerle mucho más brillante. Además, si está decidido a dar una forma nueva a sus expectativas respecto al amor y a la vida puede que sea necesario que pida ayuda profesional.

Destructor de la suerte: aferrarse a costumbres negativas para la suerte a causa de lo que le proporcionan

Si ha adquirido comportamientos que bloquean la suerte como esperar el desengaño o el desencanto, necesitará valor y mucho trabajo para librarse de ellos. Las costumbres mentales, como el miedo, la depresión y la ira, son difíciles de romper. Piense en la última vez que se trasladó a vivir a un lugar nuevo. Puede que lo hiciera por razones muy positivas y que la vieja casa ya no le conviniera. Y sin embargo, ¡tener que trasladarse!... Llenar todas esas cajas, arrastrar todas esas cosas a un nuevo entorno, averiguar cuál es el médico, la tienda y la estafeta de correos más cercanas, cambiar todos sus impresos, acostumbrarse a una casa y a un barrio nuevo, aprender a moverse por él, perderse montones de veces hasta que se sitúe: todo esto es suficiente para hacer que se quede donde está. Pero, una vez que está instalado en la casa nueva, al cabo de un tiempo, vuelve a encontrarse cómodo en su nuevo entorno.

A eso es a lo que se parece el trasladarse del paisaje conocido de esperar mala suerte, a la de esperarla buena. La casa nueva puede que sea mejor que la vieja, pero, sin embargo, la vieja tenía sus cosas buenas. Desechar la idea de que usted es capaz de hacer grandes cosas puede ser atrayente porque de ese modo usted no tendría todo el control sobre su vida. Con una actitud negativa respecto a la suerte, podría creer que tiene el control total de su destino, incluso si no siempre le gusta el lugar al que ha llegado.

Puede que sea más fácil gemir y lloriquear diciendo que es una persona que no tiene suerte, como si acabara de llegar a esta vida con un mal karma y no fuera culpa suya, que hacer lo necesario para dar la vuelta a su suerte. Incluso puede que esté orgulloso de la manera en que ha sobrevivido a una racha de mala suerte —«¡Mira cuánto poder de recuperación tengo!»—. Tener poder de recuperación está muy bien, pero crear suerte es mejor.

Abrir su mente a la posibilidad de que puede tener aún más suerte de la que ha tenido en el pasado y que el universo es mucho más abundante de lo que usted haya podido imaginarse nunca, es como trasladarse de una casa decente en un buen barrio a la casa de sus sueños que se encuentra en un terreno de 50.000 metros cuadrados (con un jardinero que haga el mantenimiento). Llegar allí le costará algún trabajo, pero una vez que llegue estará más que contento de haber hecho el traslado.

¿Está dispuesto a abandonar las recompensas que le proporciona el no tener suerte o el decirse así mismo que no la tiene? Si su respuesta es sí, éste es el lugar por donde debe empezar.

Creador de suerte: cambie su definición negativa de ser una persona que no tiene suerte

Cada vez que se atrape a sí mismo en una mentira como: «Yo nunca...» o «Yo siempre...», cámbielo a «Raras veces...» o «Habitualmente...» y eso le dará esperanza. Así, en lugar de decir «Cuando tengo citas a ciegas nunca encuentro al tipo adecuado» cámbielo a «Raras veces, o por lo menos hasta ahora, no he...».

Cuando se cuente a sí mismo una historia sobre su mala suerte, desafíela. ¿Todo fue, realmente, desafortunado? ¿Salió algo bueno de ello? ¿Podría salir en el futuro? «Estuve casada con ese verdadero perdedor, ¡qué desastre!» ¿De verdad? ¿Todo durante el matrimonio fue desastroso? ¿La condujo a algo positivo? Si él hubiera sido un absoluto perdedor, usted no se hubiera casado con él. No vuelva a escribir la escena para que parezca sólo mala suerte cuando, probablemente, fue una combinación de experiencias.

Si quiere cambiar sus opiniones respecto a algo porque hace que se sienta pesimista, pero cree de verdad que es cierto, haga únicamente este ligero cambio:

En lugar de: «No hay manera de que podamos permitirnos comprar el coche que queremos de verdad. ¡Es demasiado caro!».

Pruebe a decir: «Por lo que yo sé, no hay manera de que podamos permitirnos comprar el coche que queremos de verdad, a menos que aparezca alguna fuente de ingresos inesperada».

Todo aquello que usted manifieste y crea es «por lo que yo sé», incluso si no lo dice de manera explícita. Al aprender a añadir ese prefijo a sus pensamientos y declaraciones, se recuerda a sí mismo que debe expandir su mente para incluir aquello que puede que no sepa.

Cuando la gente negativa insiste en que lo que usted cree se lo está imponiendo a la fuerza, añada el prefijo a su declaración incluso si esa gente no lo hace. Por ejemplo:

Su madre le dice: «Jamás tendrás éxito en la vida con unas notas tan malas como las que tienes ahora en la escuela».

Imagínese que dice: «Por lo que yo sé, jamás tendrás éxito...». Luego podrá acordarse de que su opinión sólo es su punto de vista que parte de lo que ella sabe en ese momento. ¡Las cosas pueden cambiar a mejor!

Diario de la suerte: cambiar lo que me digo a mí mismo respecto a la suerte

En el lado izquierdo de su diario de la suerte, anote aquellas declaraciones estrechas de miras que se dice a sí mismo para crear pesimismo y crear también conductas que bloquean o destruyen la suerte. Por ejemplo:

La suerte parece que se desliza entre mis dedos.
No ganaré nunca. Así que ¿por qué tengo que molestarme en comprar un número?
¿Otra cita a ciegas? Ni hablar, siempre se trata de perdedores.
Está claro que llevo escrita en la frente la palabra «incauto».
Otras personas tienen mucha más suerte que yo.
La suerte no es algo que se pueda controlar. La tienes o no la tienes.

Luego, en el lado derecho de su diario, escriba una declaración alternativa que cree suerte. Por ejemplo:

A veces tengo suerte.
Alguien tiene que ganar. ¿Por qué no puedo ser yo?
¡Puede que ésta sea la última cita a ciegas a la que tengo que acudir!
Los tipos buenos pueden salir heridos, pero a mí me gusta ser un buen tipo. Si tengo paciencia, me llegará la suerte.
Si otras personas pueden tener suerte, también puedo tenerla yo.
Puedo aprender a crear mi propia suerte.

Somos muchos los que hemos oído cómo la oportunidad llamaba a nuestra puerta, pero cuando hemos conseguido desenganchar la cadena, correr el cerrojo, abrir dos cerraduras y apagar la alarma de robo, ¡ya se ha marchado!

ANÓNIMO

Creador de suerte: desarrolle una actitud del tipo «¿Qué puedo perder?»

Antes ya me referí a la conexión entre tener una mentalidad abierta y la creación de suerte. He aquí un ejemplo estupendo:

Llevaba tres meses embarazada de mi tercer hijo, Elijah, y estaba a punto de irme a la cama cuando me alarmé al notar un chorro de fluido amniótico que bajaba por mi pierna. Llamé a gritos a mi esposo, le pedimos a una vecina que se quedara en la casa vigilando a nuestros hijos, que estaban durmiendo, y nos dirigimos a urgencias a toda velocidad. El médico nos dijo que mi saco amniótico había reventado, que Elijah tenía entre un 10 y un 20 % de posibilidades de sobrevivir y me envió a casa, convencido de que iba a abortar.

A pesar de las probabilidades en contra, nosotros creímos que era posible que se produjera un milagro. A la una de la madrugada, después de volver del hospital, envié un e-mail a cada uno de los 1.200 suscriptores de mi boletín ECS (un boletín *online* para parejas y familias emprendedoras) pidiéndoles que rezaran por nosotros. Durante los días siguientes, recibí cientos de oraciones y de buenos deseos procedentes de todo el mundo. El aborto no llegó a producirse jamás. Una semana más tarde, el médico dijo que el embarazo se había salvado. Seis meses y medio más tarde, nació Elijah, que fue un niño sano y hermoso.

Decidí no hacer caso a las estadísticas. Mientras hubiera esperanza me comporté de manera que esa tragedia potencial se convirtiera en suerte. Es posible que, de todo modos, no hubiera abortado nunca, pero yo creo que las oraciones nos proporcionaron un milagro, y me alegro de que mi mente fuera lo bastante abierta para pedir ayuda. No tenía, absolutamente, nada que perder, así que me lancé a ello.

Un rabino me habló de la buena suerte que había experimentado un miembro de su congregación que había aprovechado una oportunidad que, lógicamente, parecía ser una idea completamente loca.

Mi suegro (que también es rabino) es un ávido lector de una docena de periódicos diferentes. No puede leerlos todos durante el día, así que tiene montones de periódicos para ponerse al día, en ocasiones con meses de retraso. Un día, estaba leyendo un periódico que tenía un año de antigüedad y se fijó en un anuncio que ofrecía un puesto de trabajo del mismo tipo que el que un feligrés suyo estaba buscando. (En ese momento ese hombre no tenía empleo.)

Recortó el anuncio y se lo dio a ese hombre, sugiriéndole que contestara al anuncio. Su primera respuesta fue: «Es una locura. No va a funcionar. ¡Ese periódico es de hace más de un año!». Pero luego pensó: «¿Y por qué no? ¿Qué puedo perder?». Telefoneó a la empresa y, milagrosamente, el puesto acababa de volver a quedar vacante y aún no habían insertado un nuevo anuncio. Consiguió el trabajo y, hasta la fecha, lo sigue conservando.

«¿Y por qué no? ¿Qué puedo perder?» es una actitud que crea suerte. Como sea que el serendipismo es, por definición, algo que sucede al azar, en ocasiones sus acciones se ven recompensadas con la buena suerte y en ocasiones, no. Pero uno se pone con mayor frecuencia en el camino de la suerte si detiene el funcionamiento de su mente lógica y prueba algo que parece tonto, nada convencional o arriesgado. Es frecuente que el solo hecho de hacerse la pregunta: «¿Y por qué no? ¿Qué puedo perder?» le libere para que pueda avanzar.

Diario de la suerte: «¿Y por qué no? ¿Qué puedo perder?»

1. Piense en sus sueños más locos. ¿Qué es lo que haría, por muy inusitado o poco convencional que pueda parecer, si le garantizaran —virtualmente— el éxito? ¿Qué es lo que no está haciendo ahora porque le parece «imposible» y que quisiera hacer? Anote las tres primeras cosas que le vengan a la mente.

2. ¿Qué es lo que le preocupa perder si intenta conseguir uno de estos sueños?

3. Algunos de estos temores puede que tengan unos fundamentos sólidos. Es posible que usted no intente hacer realidad su sueño de practicar el «puenting» porque la posibilidad de lesionarse gravemente es suficiente para calmar su deseo de aventuras, o porque su esposo o esposa le pide que no cometa semejante tontería. Es posible que ahora no sea el mo-

mento adecuado para dejar su trabajo teniendo en cuenta que es el único apoyo de su familia. Pero ¿hay alguno de esos miedos que sólo estén basados en su imaginación? ¿Vale la pena arriesgarse a sufrir alguna de esas pérdidas potenciales para conseguir lo que usted quiere?

La próxima vez que quiera algo de verdad, pero que dude por culpa del miedo a lo que pueda suceder, piense en qué es *realmente* lo que puede perder si no persigue sus sueños. Puede que el trabajo, la casa, el hombre o cualquiera de sus sueños esté esperando a que haga usted el primer movimiento.

Un día llegué a la conclusión de que el miedo es una serie de descargas neuronales que se producen en el cerebro. Me molestó muchísimo ser cautivo de unos retortijones cerebrales.

SYLVIA BOORSTEIN

Creador de suerte: el amor por las sorpresas

Acostumbraba a planear mi itinerario, paso a paso, insistiendo en un horario fijo, lo que quería decir que yo sabía dónde me encontraría casi en cada hora de cada día. El serendipismo lo ha cambiado todo. Ahora dejo que mi horario quede abierto y sea flexible, sabiendo que la causalidad es una guía, absolutamente maravillosa, y que el hado acostumbra a estar esperando a la vuelta de cualquier recodo.

MARCUS BACH

«¿Sabe de dónde procede el término «serendipismo»? Del cuento de hadas llamado *Los tres príncipes de Serendip*. Según dice el cuento, un grupo de nobles viajaba por el mundo buscando tesoros, pero les sucedía una cosa muy divertida: seguían descubriendo tesoros que eran aún mejores que los que buscaban. El serendipismo es el acto de encontrar una suerte aún mejor que la que se estaba buscando.

En eso reside la correlación directa entre desarrollar una mentalidad abierta y atraer la buena suerte a su vida. Fíjese en su vida. ¿No está contento de que no siempre obtuviera aquello que quería? ¿No hay algo o alguien que usted no estuviera buscando y que le llegó por sorpresa y que es una de la mayores bendiciones de su vida?

Es frecuente que Dios tenga unos planes mucho mayores de los que nosotros tenemos para nosotros mismos. El destino nos conecta con aquellos que deben ser nuestras almas gemelas, incluso aunque no los estemos buscando. Tropezamos con el mentor más inspirador de nuestra vida por «accidente». Subimos al tren «equivocado» y nos encontramos con un futuro socio en los negocios. La vida está llena de accidentes, de encuentros no planeados y de suerte que se encuentra cuando no se la busca. Si se tiene una mentalidad abierta se pueden aprovechar esas oportunidades que tropiezan con nosotros cuando pensábamos que nos dirigíamos a otra parte.

El polvo de ángel le llueve a la gente cuando ésta menos lo espera. La siguiente historia real que se publica aquí con permiso de la autora, a pesar de que prefiere quedar en el anonimato, es una buena ilustración:

Había llegado al aeropuerto de San Diego (California, EE.UU.) con la antelación suficiente para formar parte del primer grupo que subiera al avión de la Southwest Airlines. Para aquellos que no hayan tenido el placer de volar con la Southwest, esta compañía no asigna los asientos, sino que emite los pases de embarque basándose en que «el primero que llega es el primero al que se sirve»,

Me dirigí al primer asiento libre que daba al pasillo, me acomodé y, después de que todo el mundo estuvo a bordo, estuve encantada de que nadie se hubiera sentado en el temible «asiento del medio», lo que haría que tuviera un vuelo cómodo y relajante a Fénix.

Sin embargo, al cabo de unos minutos, la azafata pidió que un voluntario cediera un asiento a fin de que un padre y su hijo minusválido pudieran sentarse juntos. Me ofrecí voluntaria y pasé a una fila más adelante donde ¡por supuesto! me esperaba el temido asiento central.

Lo que vino a continuación fue una especie de trama de comedia en la que la azafata me dijo en dos ocasiones que no necesitaban mi asiento y podía volver a mi lugar y, luego, en dos ocasiones más, que sí lo necesitaban. Al llegar a este punto, todos los que estaban a mi alrededor estaban bromeando y la azafata me prometió una bebida gratis por las molestias, pero ¡estábamos intentado hacer subir la apuesta inicial hasta una cena con langosta!

Finalmente, decidí quedarme en el asiento central y mientras el avión despegaba inicié una conversación con la mujer que estaba en el asiento del lado del pasillo. Al final, nos enteramos de que ambas habíamos asistido a la misma iglesia en Mesa, Arizona.

Después me contó que a su yerno, al que llamaré Bruce, de 26 años de edad, hacía poco que le habían diagnosticado un tumor cerebral maligno. Los médicos habían dicho que no tenía cura pero que, con quimioterapia y radioterapia, podía vivir dos años. Mi hijo también había tenido cáncer a los 20 años y, por ello, compartimos el dolor y la pena de que una persona joven a la que amábamos tuviera un destino tan trágico.

Bruce y la hija de esa mujer, tenían dos hijos de dos y siete años. El padre de Bruce le había dado 1.000 dólares y le había dicho que los utilizara para algo divertido (no para pagar facturas de médico ni cosas por el estilo). Así que pensó que le gustaría llevar a su mujer a Hawai, pero los niños exigían un viaje a Disneylandia. Con los 1.000 dólares no habría suficiente para ambas cosas y él no tenía dinero para gastar en esta clase de cosas.

Mi compañera de asiento siguió relatando la historia con lágrimas en los ojos, y me dijo que, a principios de esa semana, la familia (su hija, su yerno y los dos niños) habían ido al dentista. La recepcionista estaba enterada de la enfermedad de su yerno y le preguntó cómo iban las cosas. Él la puso al corriente y luego mencionó su dilema: Hawai con su esposa o Disneylandia con los niños.

Sin que ellos lo supieran, un hombre que se encontraba en la sala de espera oyó esta conversación. Cuando volvió a casa, le contó la historia a su mujer. La mujer telefonéo al dentista, consiguió los nombres de la familia, llamó a su agencia de viajes y les compró un viaje a Disneylandia con limusina, desayuno con personajes de Disney, en fin ¡todo el paquete!

Cuando telefoneó a la familia para contárselo, la hija de mi compañera de asiento dudaba en aceptar un regalo tan maravilloso de un extraño.

La generosa mujer le preguntó: «¿Cree en ángeles?».

La joven madre dijo: «Sí»

«Bien —dijo la mujer—, yo también. He recibido muchas bendiciones en mi vida y tengo un hijo de 38 años y nietos. Puedo permitírmelo y me gustaría mucho hacerlo.»

Así que la familia irá a Disneylandia, gracias a una mujer maravillosa y amable que cree en los ángeles.

Antes de ese vuelo no estaba segura de creer en los ángeles, pero ahora no tengo duda alguna de que existen.

Ésta es una historia sobre la creación de suerte gracias a que comienza a lo que uno quiere, ya que el hombre enfermo expresó su dilema a la recepcionista del dentista y, a partir de esta conversación, la suerte le llegó de la mano de un extraño. Pero también es una historia sobre una mujer que pensó que estaba sentada en el «terrible asiento del medio» y que se encontró con que sentarse ahí le trajo una nueva amiga y una perspectiva mucho más amplia y optimista de la vida. Y acabó en ese asiento al ceder el asiento que ella pensaba que quería, para ayudar a otro pasajero. ¡Toda la historia trata de la creación de suerte!

Al igual que muchas de las mejores cosas de la vida, como la felicidad, la tranquilidad y la fama, la ganancia que es más preciosa no es la cosa que buscamos sino la que procede de sí misma en la búsqueda de alguna otra cosa.

JUSTICE CARDOZO

Tenía la costumbre de ser mucho más rígida en mis planes y unos desengaños inesperados hacían que casi me derritiera. Ahora ya no me sucede así. Ahora, cuando me siento frustrada porque alguna cosa de mi vida no va según mi plan, me digo a mí misma, «Puede que eso sea serendipismo y lo que sucede es que aún no sé el motivo».

Lo único que puede suceder es que le ofrezca a mi autocompasión una pequeña fiesta de una hora de duración. Luego, vuelvo a la acción sintiéndome curiosa respecto a lo que la vida me traerá, en lugar de lo que *yo pensaba* que quería. Creo sinceramente que si pierdo algo, algo mejor vendrá a reemplazarlo. Eso no significa que gima y patalee cuando me encuentro con un obstáculo. ¡Lo hago! ¡Pregúnteselo a mi esposo! Pero me recupero rápidamente y mi experiencia me dice con toda seguridad que, tan pronto como existe un vacío, algo aún mejor viene a llenarlo. Así es como funciona el mundo, si es que usted cree que lo hace así.

En el capítulo 2, veremos la manera en que puede averiguar qué es lo que quiere y, luego, hacer acopio de la voluntad para hacer lo necesario para hacérselo llegar.

2

¡Pida lo que quiera y esté dispuesto a trabajar para conseguirlo!

*Yo creo en el destino, en la idea de un **bashert** (palabra yiddish para indicar un amor que nos está destinado o un alma gemela), pero también creo que uno se fabrica su propio destino. Creo que existe un cierto destino pero que los seres humanos tienen que abusar un poco de él. Dios ayuda a los que se ayudan. Yo podía no haber acudido a la cena y nunca habría conocido a Jim. Tuve que empujarme a mí misma y él tuvo que hacer lo mismo consigo mismo y gracias a Dios que lo hicimos.*

BARBRA STREISAND

Bloqueador de la suerte: pedir cacahuetes, o sea, cosas insignificantes

Mientras escribía este libro, me enamoré de un programa de televisión que se llama *Fabricantes de sueños*, presentado por Richard Simmons (desgraciadamente, ahora ya no se emite). La gente escribía al programa expresando una necesidad o algo que quería para sí o para alguien al que amaba. Si su e-mail o su carta resultaba seleccionada entre las más de 10.000 que se recibían cada semana, los productores del programa hacían que sus sueños se hicieran realidad.

Este programa era mi dosis terapéutica diaria de lágrimas. Lloraba cuando la gente hacía realidad grandes sueños: reunirse con los seres queridos, cocinas nuevas, tratamientos de fertilización in-vitro para una pareja infértil, y demás. Cada día ese programa hacía que recordara todas las bendiciones que yo doy por hechas.

Al final de cada programa, Richard se mezclaba con el público para conceder deseos. Antes de la grabación del programa, cada miembro del público llenaba una ficha, pidiendo que un sueño suyo se hiciera realidad instantáneamente. Al final del programa los productores seleccionaban entre dos y cuatro ganadores. Un día, me quedé petrificada mientras un miembro del público ganaba... redoble de tambor, por favor... cacahuetes. Podía haber escrito cualquier cosa en esa tarjeta en blanco, pero pidió cacahuetes.

Richard le dijo: «Podía haber pedido cualquier cosa; ¿por qué cacahuetes?». Y esa persona respondió: «Bueno, adoro los cacahuetes y además no quería parecer demasiado codicioso».

El ayudante de Richard le entregó una gran bolsa de cacahuetes y un cheque por valor de 100 dólares. Parece ser que los productores del programa se sentían incómodos al no darle otra cosa a un soñador que un puñado de cacahuetes.

Ese tipo se comportó como hacemos la mayoría. En lugar de pedir lo que queremos y necesitamos de verdad, pedimos cacahuetes o sea, cosas insignificantes. Algo que sabemos que nos gusta, algo que no molestará demasiado, algo que no nos haga parecer demasiado egoístas, arrogantes o materialistas. Ahora bien, los cacahuetes no tienen nada de malo. A mí me gustan. Pero si alguna vez tuviera la oportunidad de llenar un impreso en blanco que dijera: «Diga el nombre de cualquier cosa que pudiéramos darle ahora mismo», confío en que pondría el nombre de algo más sustancial que los cacahuetes.

Hay mucha gente que acepta la mediocridad como un modo de vida,
como si la grandeza fuera únicamente para la gente grande.

RABINO NOAH WEINBERG

En este capítulo vamos a ayudarle a averiguar qué es lo que quiere, seguido de la segunda e importante parte de esa ecuación: cómo pedirlo.

El programa del fabricante de sueños ofrece una fantasía: pida lo que quiera y, abracadabra, se le concederá. No acostumbra a funcionar así en la vida. Una vez que uno averigua lo que quiere, acostumbra a tener que hacer el trabajo necesario para conseguirlo. Hay gente que sugeriría: «Afirme: "Soy el propietario de un flamante automóvil de lujo" cien veces al día y creerá que ya lo posee. Antes de que pase mucho tiempo, estará aparcado frente a su casa.»

Quizá sea posible porque el universo es un lugar mágico y poderoso, pero no cuente con ello.

Si quiere un Cadillac nuevecito en su garaje, rece pidiéndolo, tome parte en las rifas de automóviles, afirme que es usted su propietario, huélalo, sepa de qué color es, incluso seleccione el mensaje que colocará en su matrícula, pero no se detenga ahí. Encuentre el trabajo soñado que le permita comprar ese coche, o conviértase en una estrella del espectáculo y cómprese un Cadillac rosa, o atienda a una viuda anciana que decida dejarle su coche en su testamento. Todas esas cosas exigen un cierto esfuerzo.

Pero ¿y si ni siquiera sabe usted lo que quiere? ¿Y si cuando alguien le entrega una tarjeta en blanco y le pide que escriba en ella, en ese mismo instante, lo que usted quiere y lo único que se le ocurre es «cacahuetes»? Empecemos por ahí.

Creador de suerte: cree una comprensión clara de lo que quiere

La mente subconsciente puede decirse que se parece a un imán y que cuando ha sido vitalizada y saturada a conciencia con algún propósito definido, tiene una tendencia decidida a atraer todo lo que es necesario para el cumplimiento de ese propósito.

NAPOLEÓN HILL

Eran las diez de la noche y yo tenía insomnio y una sensación de inquietud que hacía difícil que me calmara. Decidí que necesitaba tomar un bocado. Bajé las escaleras, abrí armarios, la nevera y el congelador buscando algo que pudiera satisfacer ese ansia. ¿Ha tenido usted una de esas noches?

No había nada que me atrajera. Probé el helado y después de dos o tres cucharadas decidí que no era eso. ¿Y las patatas fritas? No, eso tampoco. ¿Una galleta? Ni hablar, no quería nada dulce. Tampoco me atraía ninguna de las sobras de comida que había en la nevera. Di vueltas por la cocina intentando satisfacer un ansia que no tenía nada que ver con la comida y, por lo tanto, no podía satisfacerse allí.

Hace diez años acabé con el problema de comer excesivamente cuando averigüe que fuera lo que fuera lo que quería en realidad, no iba a encontrarlo en la comida. Y eso es lo que quería en realidad —un cuerpo sano y en forma— y sólo podría conseguirlo si no comía en exceso.

Apagué las luces de la cocina, volví a subir las escaleras y me metí de nuevo en la cama.

Uno de los grandes retos de la vida es el de averiguar qué es lo que realmente se quiere y luego no buscarlo en los lugares equivocados. Para crear suerte, debe usted saber qué es lo que le proporciona alegría y llena su vida de significado y propósito. Lo que uno de nosotros podría pensar que es suerte puede ser la némesis de otra persona.

¿Cree que la respuesta es el dinero? Entonces, ¿por qué muchos que se han hecho millonarios de la noche a la mañana informan que sus ganancias les han traído más miserias que alegría? ¿Por qué hay gente pobre que es feliz y gente rica que se siente miserable? El dinero es un factor significativo pero pequeño a la hora de determinar la satisfacción personal.

La mayoría no experimentamos la prosperidad por mucho dinero que tengamos o que ganemos. La prosperidad es la experiencia de tener gran cantidad de aquello que de verdad necesitamos y queremos en la vida, ya sea material o no. La prosperidad es una experiencia interna, no un estado externo.

SHAKTI GAWAIN

Shel Horowitz, autor de *The Penny-Pinching Hedonist: How to Live Like Royalty with a Peasant's Pocketbook* (El hedonista tacaño: cómo vivir como la realeza con la cartera de un campesino), ha creado una vida de abundancia para él, su esposa y dos hijos en Northampton, Massachusetts (EE.UU.). Describe la manera en que la prosperidad está relacionada, sólo marginalmente, con la cantidad de dinero que hay en la cuenta bancaria.

De acuerdo con los estándares de amigos que siguen en la carrera de ratas de Nueva York, vivir con nuestros ingresos es algo inconcebible. Y sin embargo, tenemos una hermosa casa de campo antigua con unos vecinos maravillosos y sorprendentes y vemos más música y teatro en vivo y en directo y viajamos más que mis amigos que están apretujados en apartamentos diminutos y luchando con el ruido, la suciedad y las horas punta. Mi esposa y yo tenemos una relación maravillosa que sigue siendo fuerte después de veinte años y tengo dos hijos sanos, hermosos, con talento y creativos. Todos los días miro a mi alrededor y noto que me han bendecido. He creado una cultura de la abundancia en mi propia mente y se ha convertido en mi realidad. La abundancia no tiene nada que ver con la cantidad de dinero que se gana, tiene que ver con la cantidad de bendiciones que se tienen.

Y por lo tanto, éstas son las preguntas que tenemos frente a nosotros: «¿Qué es la abundancia para mí? ¿Qué es lo que me proporciona la sensación interna de prosperidad? ¿Cuándo me sentiré satisfecho de quién soy y de lo que he creado en mi vida? ¿Por qué objetivos estoy luchando? ¿Es posible que sienta la abundancia mientras sigo queriendo cosas? ¿Sé lo que quiero de verdad y lo que me hará feliz? ¿He experimentado en alguna ocasión una sensación de prosperidad interna que durara más de una noche o de unos cuantos momentos?».

Es fácil que confunda lo que usted quiere con lo que su madre quiere para usted, o con lo que sus maestros le dijeron que debía querer, o con lo que sus hijos quieren que usted les proporcione, o con lo que los medios de comunicación le hacen creer que debería querer, o con lo que usted pensaba que quería hace diez años pero que ahora que lo tiene no es lo que usted quiere de verdad.

Es frecuente que los niños pequeños lloriqueen pidiendo lo que quieren. En ocasiones no tienen ni idea de lo que quieren y todos los intentos de calmarles dan por resultado más lloriqueos. «¡No, eso no es lo que yo quería!» dicen, indignados de que usted no haya interpretado bien sus quejidos, sus gruñidos y sus lloriqueos.

Imagínese a Dios jugando ese mismo juego con nosotros. Cambiamos de idea respecto a lo que queremos cada pocos minutos, lloriqueando por lo que no tenemos, expresando esa vaga sensación de: «Necesito algo, Dios, pero no estoy exactamente seguro de lo que es», y que Dios espera pacientemente que averigüemos lo que queremos de verdad para poder ayudarnos a conseguirlo.

Los niños que dan sus primeros pasos llenan su cara con una sonrisa cuando averiguamos lo que quieren. Puede que Dios sonría de la misma manera cuando nos centramos en una dirección concreta y expresamos claramente lo que queremos. Hasta ese momento, Dios está vigilante, como un padre, esperando que le demos una señal clara para ayudarnos.

Asociamos la doctrina religiosa con el altruismo, pero el budismo enseña que el propósito de la vida es la búsqueda de la felicidad. ¿Es que la vida basada en la búsqueda de la felicidad personal no es egoísta y autocomplaciente? Todo lo contrario. Las personas infelices están mucho más absortas en ellos mismos. La mayoría de actos de caridad y de bondad proceden de personas felices, agradecidas y que experimentan la abundancia.

Por lo tanto, la felicidad es un objetivo por el que vale la pena luchar pero resulta ser un estado mental y de ánimo que es difícil mantener. La palabra «feliz» procede en muchos idiomas de una raíz que significa suerte o casualidad. Los momentos de alegría parece que se alejan rápidamente y sin embargo debemos seguir intentando encontrarlos.

Cuando un hombre con un objetivo principal definido se pone a andar a través de una multitud, todos se apartan y le dejan pasar, pero si un hombre duda e indica, por medio de sus acciones, que no está seguro del camino que quiere seguir, la multitud se cerrará ante él y se negará a apartarse ni un centímetro para dejarle pasar.

NAPOLEÓN HILL

Diario de la suerte: ¿qué es lo que me proporcionará la felicidad? ¿Qué es lo que ya lo hace?

Responda las preguntas siguientes en su diario de la Suerte. También puede compartir esa actividad con su cónyuge o un hijo.

1. Si pudiera hacer un cambio positivo en el mundo antes de morir, ¿qué es lo que haría? ¿Quién estaría haciendo su panegírico en su funeral y qué estaría diciendo? ¿Cómo espera ser recordado?

2. ¿Cuáles eran sus sueños o fantasías de infancia respecto a lo que esperaba conseguir cuando tuviera la edad que tiene ahora? ¿Ha sucedido así? ¿Le ha hecho feliz? ¿Qué es lo que sigue sin hacerse realidad de entre sus anhelos de infancia?

3. ¿Para quién quiere ser usted un héroe? ¿Para quién desea ser un modelo de comportamiento? ¿Por quién desea ser amado? ¿A quién quiere usted amar?

4. ¿Cuánto dinero y lujo necesita para sentirse financieramente seguro y cómodo y disfrutar de la abundancia?

5. ¿Qué es lo que le hace reír? ¿Qué le relaja? ¿De quién le gusta rodearse?

6. ¿Cuándo se siente más en contacto con Dios y con su alma? ¿Ha experimentado alguna vez una sensación de éxtasis espiritual?

7. ¿Cómo se siente y a qué se parece cuando se siente feliz? Recuerde cómo y cuáles han sido algunos de los mejores días de su vida. ¿Qué es lo que tienen en común?

8. ¿De qué está agradecido? Sin esas cosas o relaciones ¿sería infeliz? Si es así, el tenerlas ahora ¿le hace sentirse feliz?

9. ¿Qué secreto deseo suyo no le ha contado a nadie o puede que sólo a un amigo íntimo o a su pareja?

10. Si consiguiera todo lo que usted cree que quiere de verdad, ¿piensa que podría ser feliz? ¿Durante cuánto tiempo?

Destructor de la suerte: sentir que no se merece conseguir lo que quiere o tener miedo de conseguirlo

Hay personas que son una maravilla a la hora de crear prosperidad y buena suerte para sí mismos. No tienen problema alguno para visualizar lo que quieren, para rezar pidiéndolo y para hacer lo necesario para conseguirlo. Incluso puede que se comporten como un adicto al trabajo que está siempre concentrado en alcanzar sus objetivos con urgencia. Nada puede detenerles y la buena suerte les visita varias veces durante todo el proceso. Están «en el flujo».

Y luego, tan pronto como atrapan el oro o se acercan a él, todo aquello por lo que han trabajado tanto para construir empieza a desmoronarse. Puede que tengan una historia del tipo «pobre de mí» sobre la manera en que, al final, se les acabó la suerte. Puede que se vuelvan alcohólicos, que se depriman, o que sea difícil estar con ellos. Pueden perderlo todo de golpe de una manera espectacular, o pueden irlo perdiendo lentamente como un globo pinchado.

Cuando su identidad interna no encaja con los resultados positivos externos que usted haya alcanzado, la incongruencia entre quién piensa usted que es (un impostor que no se merece el éxito ni la admiración) y lo que consigue en realidad (prosperidad y reverencia) puede impulsarle a solucionar este problema, perdiendo su buena suerte.

Sandy es la propietaria de un negocio que conoce bien este patrón y que está luchando para romperlo. Compartió conmigo su momento de verdad cuando «entendió» que su patrón era el autosabotaje y decidió cambiarlo.

Había pasado cinco años construyendo mi negocio que iba volviéndose rentable de manera gradual. Me sentía dividida entre disfrutar de los elogios y el dinero que estaba empezando a recibir y sentirme incómoda con ello. Me sentía esquizofrénica, dividida entre las dos mujeres que yo era: la hermosa, capaz, fuerte y poderosa mujer que el mundo veía y la niña asustada, incompetente y despreciada que yo había sido muchos años atrás y que seguía pensando que era. Casi a pesar de mí misma y según la opinión de todo el mundo —excepto la mía propia— estaba teniendo éxito.

Durante el último año, mi negocio había pasado de forma espectacular de cubrir gastos a duras penas, a dar un beneficio respetable. No se trataba sólo de suerte, yo había trabajado mucho, y seguía haciéndolo, para alcanzar esa prosperidad. En lugar de preocuparme por pagar las facturas, los cheques entraban continuamente y tenía un cierto espacio para respirar con tranquilidad. Podía empezar a mejorar mi estilo de vida y a pagar mis deudas. Era una sensación estupenda pero también me sentía muy frágil.

El éxito me asustaba porque no sabía si podía sostenerlo. Tenía miedo de depender de ello o de creer que era cierto porque podía desaparecer y eso me aniquilaría. Era más fácil esperar ansiosamente a conseguirlo que preocuparme por estropearlo y perderlo. Ya no estaba segura de quién era yo. Era como si estuviera contemplando a esa mujer que actuaba en un escenario y que se estaba convirtiendo en una estrella, y yo estuviera entre bambalinas aplaudiendo su actuación pero sin creerme que fuera yo misma, de verdad.

Tenía una vaga idea de que al final de ese año tendría unos 13.000 dólares en la cuenta corriente de mi negocio y, como no había pagado aún los impuestos sobre la renta de ese año, me imaginé que la mayor parte, sino todo ese dinero, serviría para pagarlos y yo me quedaría en la posición familiar de tener unos pocos dólares ahorrados.

Fui al banco a hacer un ingreso en la cuenta de mi negocio y pedí que me dieran el saldo. El cajero automático escupió un pedazo de papel que decía: «Saldo de la cuenta: 23.132,44 dólares». Di un respingo. Estaba segura de que era una equivocación. No era posible que yo pudiera tener ese dinero en mi cuenta corriente. Pensé que el banco había cometido un error. Luego, dos días más tarde, volví a pedirle al cajero automático un nuevo saldo de mi cuenta. Esta vez, reflejando mi ingreso reciente de 2.000 dólares, decía «25.132,44». Fue entonces cuando supe que era real, o sea, que el dinero era mío.

No podía creerme que hubiera ganado esa cantidad de dinero y empecé a achacarlo a un milagro, teniendo pensamientos locos como: «Puede que un benefactor anónimo haya conseguido el número de mi cuenta corriente y haya ingresado ese dinero».

Repasé mis ingresos bancarios y descubrí que había acumulado estos ahorros ganando más dinero e ingresándolo periódicamente, en lugar de gastarlo. Mi dinero procedía del trabajo duro, no de los ángeles y los milagros. Paladeé el pensamiento: ¡más dinero en mi cuenta corriente del que necesitaba! Podía comprarme un coche nuevo. Podía pagar los saldos pendientes de mis tarjetas de crédito. Podía dejar de preocuparme tanto respecto al dinero. Podía estar orgullosa de lo que había conseguido.

Inmediatamente después de este descubrimiento, tuve uno de los peores meses que jamás había experimentado mi negocio. Uno de mis clientes anuló un contrato, informándome por e-mail que había ido a la quiebra. Dos clientes antiguos empezaron a criticar mi trabajo y a amenazar con anular sus contratos. A lo largo de las semanas siguientes, todo parecía un chiste malo. Cuando llegaba a casa del trabajo, mi esposo me preguntaba: «¿Ha pasado algo malo?». Parecía que mi buena suerte estaba desapareciendo tan rápidamente como había llegado.

Me quedó claro como el cristal que como no me sentía merecedora de la prosperidad que estaba ya asentada en mi cuenta corriente yo, de una manera consciente e inconsciente, la estaba perdiendo. Estaba creando lo que yo pensaba que era —una mujer respetable, luchadora y de escaso éxito— en lugar de aquello en que me había convertido de verdad, una mujer de negocios próspera y respetada.

La esperanza de Sandy reside en ser consciente del patrón y decidir cambiarlo. Alterar unos patrones implantados profundamente desde la niñez no será nada fácil. Hay personas que tienen que acudir a la psicoterapia para luchar con estos demonios, o contratar a un asesor personal o de negocios para que les ayude a abandonar estos comportamientos que no están promocionando su éxito.

La doctora Jae' Inglish, especialista en el desarrollo personal y presidenta de Inglish Research, en Winter Park, Florida (EE.UU.), enseña la distinción entre una conducta que se derrota a sí misma y una que se sabotea a sí misma y lo que puede hacerse al respecto:

> Adoptamos una conducta que nos derrota cuando, consciente o inconscientemente, nos impedimos conseguir lo que queremos. Nos estamos saboteando cuando hacemos lo necesario para conseguir lo que queremos, pero luego, consciente o insconcientemente, hacemos algo para asegurarnos de que no lo conservamos.

> A una edad temprana formamos unas identidades respecto a nosotros mismos y luego nos aferramos a ellas incluso si no nos convienen. Esas identidades son quienes pensamos que somos, por lo que es muy amenazador que se las desafíe. Imagínese que tiene un abrigo viejo, su único abrigo, y que está lleno de agujeros, desgarrones y rotos, pero le sigue manteniendo caliente todos los inviernos desde que era niño. Usted no va a deshacerse de ese abrigo hasta que consiga uno nuevo que lo sustituya. Y si no cree que se merece un nuevo abrigo, o que hay uno a su disposición, se aferrará a ese viejo abrigo incluso aunque ya no le mantenga caliente.

La doctora Inglish nos enseña otro motivo por el que algunos individuos sabotean sus esfuerzos. Ella llama a este concepto «la construcción de una autoestima negativa».™ Dice:

> Los seres humanos nos sentimos impulsados a construir nuestra autoestima, sean cuales sean las circunstancias. Si adoptamos una identidad negativa: «Soy un perdedor que ni siquiera puede tener unos ingresos decentes», podemos construir nuestra autoestima convirtiéndonos en el peor de los peores perdedores que pueda encontrar. «No voy a llegar a la mitad de camino de mi capacidad para perder dinero, perderé más y más deprisa que nadie a quien conozca. De ese modo, por lo menos podré estar satisfecho de ser excelente en algo: en ser un perdedor».

No es como si Sandy se despertara por la mañana y se dijera: «Hoy voy a perder algo de ese dinero.» De hecho, incluso puede haber estado atiborrándose de afirmaciones como: «Soy una ganadora. Tengo más dinero del que necesito para atender mis necesidades.» Pero si, muy dentro de sí, ella cree que es una perdedora, puede sabotear cualquier resultado que entre en conflicto con esta percepción que tiene de sí misma y cuanto más intente afirmar su valor para sí misma, más trabajan los saboteadores.

Creador de la suerte: partiendo del autosabotaje encuentre el camino de vuelta a la creación de suerte

El primer paso para salir de la rutina del autosabotaje es hacer lo que hizo Sandy. En lugar de darle la culpa a cualquier otra persona, apártese de su comportamiento, cuestiónelo, cree un testigo que puede recordarle, amablemente, que está adoptando comportamientos que no promocionan resultados positivos, y acepte la responsabilidad por la manera en que está creando este fenómeno en su vida.

En segundo lugar, siga con el lento proceso de construirse una identidad nueva y positiva, una que encaje con los resultados que está usted creando en su trabajo. Eso significa que debe tomar las declaraciones y creencias negativas que se dice a sí mismo y sustituir cualquier declaración negativa de «Yo soy», con una menos desesperanzada. «Soy un perdedor que nunca puede guardar el dinero que gana» suena terminal, sin posibilidad alguna de cambio. «Tengo comportamientos o costumbres que atraen el fracaso» funciona mucho mejor. La doctora Inglish nos recuerda: «Usted *no* es sus comportamientos o conductas.»

Así que Sandy puede empezar siendo diligente respecto a no entregar trabajos que no estén a la altura de las normas de sus clientes, durante esa época vulnerable en que se está ajustando a su identidad nueva y de éxito. Lo que puede hacer es vigilar a su mente, sabiendo que tiene un tramposo en su interior que puede que intente sabotear su éxito. Puede dejar de decirse a sí misma: «Los clientes tienen razón. No valgo para nada. Después de todo no soy un éxito.» En lugar de eso, puede decir: «Puede que mis clientes tengan algo de razón. Hay áreas de mi trabajo que puedo mejorar. Pero eso no quita nada al éxito genuino que he obtenido.»

Diario de la suerte: ¿cuáles son mis comportamientos autosaboteadores?

A pesar de que el autosabotaje puede tener unos resultados destructivos en su vida, de hecho tiene una buena intención. La doctora Inglish informa que cuando ella realiza sus seminarios sobre este tema, acostumbra a oír con frecuencia que un miembro de la audiencia dice: «Yo no haría nunca eso. ¡No soy tan estúpida!». Y la doctora Inglish le responde: «¡Por supuesto, usted no lo haría conscientemente!».

Una parte de usted está intentando protegerle para que no sienta dolor y sufra. Si lucha para ganar bastante dinero, es posible que obtenga esas ganancias de esa angustia aparente.

«La gente no se fía de mí y, por lo tanto, no depende de mí, con lo que yo puedo seguir siendo independiente», o «No tengo que trabajar demasiado», o «La gente siente lástima de mí y a mí me gusta recibir toda esa simpatía», o «Mis padres (o mi pareja, o el gobierno) seguirán cuidándose de mí y, si me vuelvo autosuficiente, tendré que cuidarme yo solo».

Ninguna de estas recompensas es tan poderosa o mejora tanto la vida como el éxito que está usted consiguiendo (o saboteando). Las recompensas a corto plazo son sólo una mala costumbre. Y, como muchas costumbres, es frecuente que estén arraigadas muy profundamente y sean difíciles de romper sin un esfuerzo persistente y sostenido.

Responda a las preguntas siguientes en su diario de la suerte:

1. ¿Cuáles son sus conductas autosaboteadoras? ¿De qué manera puede reconocer los síntomas cuando aparezcan?

2. ¿Qué emociones internas o acontecimientos externos hacen aparecer estas conductas saboteadoras?

3. ¿De qué manera le sirve este autosabotaje? ¿Cuáles son sus recompensas a corto plazo?

4. ¿Por qué quiere usted tener un cierto control sobre esta conducta destructora de la suerte?

5. ¿Qué es lo que quiere hacer en lugar de eso?

Creador de suerte: aprenda de los «errores» pasados

¿Ha visto alguna vez la pegatina siguiente en un parachoques de automóvil? «Su vida no se desperdiciará jamás. Siempre puede ser un mal ejemplo.» Es cruel, pero recibe una risotada de reconocimiento porque la mayoría nos hemos encontrado con jefes horribles y experiencias que confiamos no tener que volver a vivir. ¿De qué otra manera aprendemos lo que no queremos?

Mi esposo, con el que me casé cuando yo tenía 33 años, me pareció mucho mejor después de quince años de tener citas con hombres. Ahora, pienso en esos años de citas terribles y de novios que no acababan de ser lo que yo quería, y estoy agradecida por lo que aprendí. Me ayudaron a definir lo que era importante para mí en un futuro esposo.

Recuerde a la gente y a los acontecimientos que le proporcionaron una aflicción. De hecho, ¿no le llevaron a lo que usted quería en realidad?

Diario de la suerte: ¿de qué manera me condujeron mis «no quiero» pasados, a los «sí quiero» futuros?

Escriba —de cinco a diez veces— completándola, la frase siguiente en su diario. Le ayudará a volver a valorar las experiencias «desafortunadas» de su vida. ¡Es frecuente que nos lleven exactamente al lugar en que necesitamos estar!

Aprendí que no quiero _____, y esa difícil experiencia me llevó a buscar _____, y eso me condujo a ese descubrimiento afortunado sensacional
_____.

Bloqueador de la suerte: concentrarse absolutamente en lo que no quiere

George me contrató para que fuera su entrenadora de negocios durante un corto período. Él trabajaba a tiempo completo ganando montones de dinero, pero parecía que estaba en el infierno y rodeado de personas que hacían cosas desagradables. Estaba poniendo en marcha una consulta médica holística a tiempo parcial, pero tenía miedo de abandonar el sueldo de su trabajo de día. Mientras, estaba sufriendo una gran ansiedad intentando llevarse bien con la nueva dirección de su empresa. No encajaba en la nueva cultura corporativa y tenía miedo de que le despidieran.

Cuando me contrató, todos sus pensamientos eran negativos: lo mucho que odiaba a su jefe y despreciaba su trabajo, el miedo que tenía de que le despidieran, lo rabioso que se sentía pensando que podían despedirle después de casi treinta años de servicio, etcétera.

Asesoré a George para que empezara a pensar en lo que quería, en lugar de en lo que no quería. Le pedí que me describiera con detalle lo que sería su consulta médica holística cuando fuera una empresa a tiempo completo, y cómo se sentiría él si fuera capaz de abandonar ese trabajo horrible o de negociar un final decente para su carrera anterior. Su tono de voz se volvió inmediatamente más ligero.

Al día siguiente recibí un gozoso e-mail suyo. Decía: «¿Sabes qué, el universo es asombroso! Empecé a hacer lo que me sugeriste y ayer por la noche tuve como paciente a un médico. Quedó tan boquiabierto con lo que le hice que me dijo que mi teléfono va a empezar a arder con las llamadas de los pacientes que va a enviarme. ¡Qué momento más adecuado!».

Un momento muy adecuado, realmente.

Otra manera de quedarse atascado en el «No quiero esto» es ahogarse en el pesar por lo que usted considera que son errores en su pasado. En el capítulo 5, «Sáquese a sí mismo y a los demás del atolladero», hablaremos de ello con más detalle.

La vida es frágil, manéjela con una oración.

ANÓNIMO

Destructor de la suerte: las afirmaciones no acostumbran a funcionar

A mí, como le sucede a usted, me gustaría creer que una vez que ya he averiguado lo que quiero, todo lo que tengo que hacer es pedirlo en mis plegarias, repetir durante todo el día afirmaciones positivas como si ya lo hubiera recibido y lo tendré. ¡Casi ningún esfuerzo! ¡Maravilloso! Excepto que casi nunca funciona. He aquí el motivo:

Si su inconsciente cree que usted no se merece algo, o que es egoísta pedirlo o que, si lo consigue, tendrá que enfrentarse a algunos cambios difíciles, se encontrará usted teniendo que enfrentarse a una discusión interna que, de una manera retorcida, toma su afirmación positiva y hace que se concentre usted más en lo negativo de lo que lo ha hecho nunca antes. Cada vez que usted afirma «¡sí!», alguna otra parte aúlla «¡no!»

Además, cuando usted afirma algo que quiere pero que no tiene, lo que en realidad está manifestando es que no tiene algo y que, por lo tanto, usted procede de un lugar de carencia. Ahora bien, usted puede manifestar la afirmación en positivo como si usted ya lo tuviera, pero ¿a quién está engañando? Su mente inconsciente sabe que usted no lo tiene y se siente incómoda haciendo ver que sí lo tiene, y por lo tanto no hace otra cosa que llamar su atención hacia lo que no tiene, en lugar de hacia aquello que quiere.

Por ejemplo, digamos que quiere un trabajo nuevo y afirma: «Tengo un trabajo nuevo, en el que me pagan un millón de pesetas más al año y a sólo diez minutos de mi casa.» ¡Suena sensacional! Si cree usted, de verdad, que ese trabajo está ahí esperándole y que estarían locos si no le contrataran, esa afirmación puede ayudarle a concentrar su mente en lo que usted quiere de verdad. Sin embargo, si usted no cree que se merece —de verdad— un millón más al año, o que vive en un área en la que le costaría muchísimo encontrar una empresa en desarrollo que estuviera a sólo diez minutos de su casa, su mente razonable discutirá con usted cada vez y le dirá: «¡Eso es ridículo, nadie va a contratarte pagándote tanto! ¿Has buscado por ahí? No hay mucha industria a treinta kilómetros a la redonda, así que ¿a quién quieres engañar?».

Puede intentar acallar a esa voz interna que se burla de usted, pero sólo conseguirá que se oiga más fuerte. La visualización positiva y la afirmación que se suponía que iba a subirle la moral, le deprimirán cuando se dé cuenta de la disparidad entre lo que quiere usted de verdad y lo que una parte de usted teme que jamás conseguirá. Y lo peor es que, si no empieza a conseguir lo que quiere, usted creerá que es un fracaso en cuanto a las afirmaciones y visualizaciones positivas y podrá añadir el término «fracaso espiritual» a su lista de defectos.

Creador de Suerte: asegure las afirmaciones en la realidad

Afirme objetivos claros para sí mismo, de los que ya se haya convencido de que son absolutamente razonables. Permanezca abierta a la posibilidad de que Dios y la suerte le den algo que es milagroso, pero no cuente con ello. Cuando afirme algo, exprese claramente que está preparada para recibir lo que quiere y que usted cree que es posible alcanzar.

Por ejemplo, mientras estoy escribiendo este libro, la familia está planeado trasladarse a otra ciudad. El coste de la vida es allí mucho más alto. La misma casa allí, en un barrio que nos guste, puede costar fácilmente el doble de lo que cuesta donde estamos ahora. Para mí, afirmar una visualización detallada de la casa de nuestros sueños, en la nueva ciudad y por el mismo precio de nuestra casa actual, sería un pensamiento mágico que no haría más que despertar discusiones en mi mente respecto a lo imposible que sería.

Así que lo que estoy visualizando es que conseguimos el mejor trato que podemos esperar en esa nueva área geográfica, que encontramos una casa que tiene todas las características que son importantes para nuestra familia, dentro de una gama de precios que podemos permitirnos, en el momento perfecto para nosotros, los compradores, y para ellos, los vendedores.

En mis afirmaciones hay poder y mantienen alta mi moral en cuanto a que tendremos suerte y encontraremos la casa perfecta, aún cuando me preparo para la realidad de un salto hacia arriba en el coste de la vida.

¿Podría encontrar la casa de nuestros sueños en la ciudad nueva, por el mismo precio que nuestra casa actual, si lo afirmo lo suficiente? Es posible. Pero si dependo de afirmaciones para cosas como éstas, lo más probable es que me desengañe y me cierre unas cuantas opciones. Prefiero ser realista y sin embargo optimista y pensar que las cosas saldrán lo mejor posible y que, de una manera u otra, conseguiremos lo que queremos y necesitamos.

Utilice afirmaciones para manifestar sus esperanzas y sus sueños, pero asegúrelas en la realidad, en lugar de utilizar el pensamiento mágico.

Creador de suerte: haga lo que sea necesario para conseguir lo que quiere

No hay nada en el mundo que pueda sustituir a la persistencia.
El talento no lo hará.
No hay nada más normal y corriente que hombres de talento que no tienen éxito.
El genio no lo hará.
El genio que no obtiene recompensa es casi un proverbio.
La educación no lo hará.
El mundo está lleno de desechos humanos con educación.
¡Sólo la persistencia y la determinación son omnipotentes!

CALVIN COOLIDGE

Los que se hacen millonarios en un instante son la excepción de la regla. La mayoría trabajamos mucho para conseguir la suerte que creamos. He aquí un ejemplo estupendo:

David Like, de Florida, le contó esta experiencia a un amigo suyo, en el boletín *Heartwarmers4u* de Internet. Se han cambiado los nombres para proteger la intimidad de los interesados, pero la historia es cierta.

Cuando Mark tenía 4 años, sus padres se divorciaron. Él se quedó con su madre mientras su padre se alistaba a las fuerzas armadas. A medida que Mark iba creciendo, recordaba, en ocasiones, el corto tiempo que había pasado junto a su padre y ansiaba verle de nuevo algún día.

Después de que Mark hubiera terminado la universidad, se casó con su novia del instituto. Un año después tuvieron un niño muy sano. Mark empezó a pensar mucho en su padre y empezó a hacerle preguntas a su madre, que le dijo que hacía más de veinte años que no había hablado con su padre. Dejó de saber por dónde andaba cuando Mark cumplió los dieciocho años. No tenía ni idea de dónde empezar la búsqueda pero le sugirió: «Puede que si te pones en contacto con la embajada de Estados Unidos en Inglaterra, puedan ayudarte».

A pesar de que las posibilidades parecían remotas, Mark estaba decidido. Telefoneó a la embajada y la conversación fue algo parecido a esto:

«Embajada de Estados Unidos. ¿Puedo ayudarle?»

«Mi nombre es Mark Sullivan y espero poder encontrar a mi padre.»

Después de una larga pausa y de escuchar como se movían papeles...

«¿Se llama usted Mark Joseph Sullivan?»

«Sí», dijo Mark ansiosamente.

«¿Y nació usted en Vincennes, Indiana, en el Hospital del Buen Samaritano, el 19 de octubre de 1970?»

«Sí... sí.»

«Mark, por favor no cuelgue.»

El hombre que estaba al teléfono hace un anuncio en la embajada. «Escuchad todos... ¡Tengo una noticia sensacional! El hijo del teniente Ronald L. Sullivan está al teléfono... ¡Nos ha encontrado!»

Mark oyó el rugido de una multitud que aplaudía, vitoreaba, reía, lloraba y alababa a Dios. El hombre volvió al teléfono y le dijo: «Mark, no sabes lo contentos que estamos de que llamaras. Tu padre ha estado viniendo aquí en persona, o llamando casi cada día durante los últimos nueve años, para ver si te habíamos localizado.»

Al día siguiente, Mark recibió una llamada telefónica de su padre que había estado viajando cada seis meses a Estados Unidos intentando encontrarle. Mark y su padre se ven ahora con tanta frecuencia como les es posible.

Ni siquiera a un mosquito le dan una palmada en la espada, hasta que empieza a trabajar.

ANÓNIMO

Si Mark o su padre no hubieran hecho otra cosa que rezar pidiendo su reunión, o hubieran afirmado que ya había tenido lugar, hubieran dejado que su encuentro fuera cosa del azar. Crearon su suerte haciendo cosas que incrementaron las probabilidades y corrieron el riesgo emocional de quedar desengañados o de ser rechazados si no funcionaba.

La mayoría preferimos quedarnos dentro de nuestras zonas de comodidad, pero la gente afortunada está dispuesta a sufrir para conseguir lo que quiere. Invitar a que la buena suerte entre en su vida significa correr riesgos y hacer cosas que le hacen sentir incómodo y asustado como un idiota. ¿Qué clase de sufrimiento está dispuesto a tolerar para conseguir lo que quiere?

Diario de la suerte: ¿qué es lo que valoro lo suficiente para sacrificarme por ello?

Al igual que el padre de Mark, una dedicación apasionada a un objetivo apoyado por sus valores más fuertes, será lo que sostenga su resistencia cuando le reten o desafíen.

Por ejemplo, el motivo como familia de que hayamos planeado trasladarnos a otra ciudad el año próximo, es nuestra decisión de llevar a nuestros hijos a una escuela privada judía. Valoramos tanto la educación que pueden dar ahí a nuestros hijos que estamos dispuestos a soportar las penalidades de trasladar a toda la familia, para asegurarnos de que nuestros hijos puedan asistir a esa escuela.

Cuando se sienta tentado a abandonar el camino para llegar a un logro que sea importante para usted, pregúntese si valora algo lo suficiente para desear seguir adelante, incluso si le duele. ¿Está dispuesto a dejar de lado placeres o conveniencias temporales a fin de proporcionar a su familia y a usted mismo una felicidad significativa y duradera?

Si tiene un objetivo que todavía no ha alcanzado, ¿es que no ha estado dispuesto a hacer lo necesario, o porque espera que se lo entreguen en la proverbial bandeja de plata? En ocasiones, es más fácil echar la culpa a la mala suerte, que aceptar la responsabilidad por no haber hecho lo que le correspondía para que se produjera la buena suerte.

Cuando se embarque en una dirección nueva, incluso si tiene confianza en que está siguiendo el camino que le indica su alma, puede esperar gran cantidad de sufrimiento, ira, miedo, confusión y pena. Estas emociones humanas normales no desaparecen sólo porque usted esté «siguiendo a su felicidad». Dejar atrás lo viejo y empezar algo nuevo es doloroso y cualquier transición es difícil.

Termine las frases siguientes, por lo menos cinco veces, para aclarar qué valores son los que apoyan su voluntad de ir en busca de sus objetivos:

Yo valoro _____ tanto, que estoy dispuesto a _____
_____.

Creador de suerte: hágalo de todos modos, incluso cuando no tenga ganas de hacerlo

> *Más de la mitad de la batalla que se libra intentando «llegar» está en decidir «ponerse en marcha.*
>
> ROBERT C. PERKS

Tengo la suerte de ser un adulto sano. Pillo unos cuantos resfriados al año y eso acostumbra a ser todo. Virtualmente, todos los días me hago unos cuantos largos en la piscina de mi club y puede que eso tenga algo que ver con mi buena salud. No puedo decir que me guste nadar y, además, me quita una hora cada mañana. A menudo, es aburrido y no me gusta nada ir tiritando desde la piscina al vestuario. La mayoría de días refunfuño un poco antes de ir a la piscina, me pongo unas cuantas excusas para no ir y después, voy de todos modos.

La creación de suerte en su vida está en relación directa con lo disciplinado y comprometido que esté para hacer lo que sea necesario para conseguir lo que quiere, incluso si no le apetece nada.

He aquí algunos ejemplos que podría aplicar a su vida:

Quiero que mi esposo sea feliz, así que mantengo limpio y ordenado nuestro dormitorio, a pesar de que soy bastante desordenada.

Quiero que mis hijos sobresalgan en la vida y, por lo tanto, les llevo a practicar deportes y lecciones de ballet, incluso cuando no me apetece nada.

Quiero recibir un salario, así que voy al trabajo incluso cuando no tengo ganas.

Quiero que mi dentadura esté sana, así que voy al dentista dos veces al año, incluso cuando no me apetece.

> *Los niños creen que la felicidad es el resultado de las pociones mágicas y los encantamientos de las hadas madrinas. No se ven a sí mismos como actores en el proceso. Pero los adultos aprenden que la mayoría de las veces, la verdadera alegría se obtiene gracias al esfuerzo personal activo, al valor y a un ingenio increíble, o sea, por medio de la adaptación creativa.*
>
> MARSHA SINETAR

Diario de la suerte: ¿qué es lo que haré aún cuando no me apetezca? ¿Qué es lo que no estoy haciendo porque soy perezoso?

¿Qué es lo que está dispuesto a hacer, incluso cuando no tiene ganas, que traiga cosas buenas a su vida? Haga una lista de entre 5 a 10 cosas, por lo menos, en su diario de la suerte:

Quiero_____, así que voy a _____
incluso cuando no tenga ganas.

¿Quiere comprender algunos de los orígenes de su conducta destructora de la suerte? Sea honesto respecto a su pereza, ya que todos la tenemos hasta cierto punto. ¿Cómo y cuándo aparece la suya? Complete la frase siguiente de 5 a 10 veces.

Quiero_____, pero no hago lo necesario y que es
_____, porque no tengo ganas. Ése es el motivo de que no haya conseguido llevar esa clase particular de buena suerte a mi vida, ¡todavía! (¡Siempre hay esperanzas!)

Creador de suerte: desarrolle unas costumbres de acción positiva que promocionen la suerte

¿Cómo conseguirá desarrollar la disciplina para hacer lo necesario para crear suerte en su vida, incluso si no quiere hacerlo? He aquí algunas estrategias que funcionan:

1. Empiece por poco. Es tentador posponer la acción hasta que tenga «todos sus patos en fila.» No se deje atrapar por excusas de «Si...» para no avanzar. «Si...., entonces haría lo necesario.»

2. Comprométase claramente y cumpla esos compromisos. No se comprometa a «hacer más ejercicio.» Comprométase a andar veinte minutos por la mañana antes de empezar a trabajar. Debe ser lo primero que haga, antes de que se convenza a sí mismo para no hacerlo. Haga que el objetivo siga siendo pequeño y fácil de alcanzar. El éxito cría éxito.

3. Recompénsese por dar esos pequeños pasos. Con el tiempo, los resultados de una suerte mayor serán incentivo suficiente para que siga estando motivado, pero al principio puede que necesite algo de motivación extra.

4. Mantenga su ego controlado. Al intentar conseguir sus objetivos puede parecer un idiota y sentirse incompetente. Pero esperar hasta que «sea mejor en ello» puede ser, sencillamente, pereza disfrazada.

5. Conviértase en un experto. Hank Heath, un asesor de negocios de Salt Lake City, Utha (EE.UU.), dice que el conocimiento es su mejor herramienta de la suerte. Dice: «Cuanto más sé de una situación, menos dependo de la suerte. Dependo más de la habilidad que de la suerte. Es menos divertido, pero no lo paso tan mal.»

6. No intente hacerlo toda la eternidad, limítese a experimentar. Luego, las recompensas positivas pueden suscitar el deseo natural de continuar con esa conducta, o si no hay bastantes recompensas positivas para ello, puede que no sea la acción adecuada para usted.

7. Hágase responsable ante alguien más. Encuentre a un camarada y comuníquele periódicamente los progresos que esté haciendo. Estudie con un mentor o con un maestro espiritual al que admire.

8. Lea historias que le sirvan de inspiración sobre personas que superaron dificultades y consiguieron lo que querían, haciendo lo que era necesario para ello. Lea libros espirituales que hagan que recuerde este principio. ¡Vuelva a leer este libro!

9. Conviértase en un buen modelo de rol para aquellos a los que ama. Por ejemplo, ¿qué quiere que sus hijos aprendan de usted, la pereza o la manera de fabricar suerte? Las semillas de las actitudes y las conductas que crean suerte se siembran en casa. Aquello que sus hijos vean en usted, es aquello que es probable que sean.

10. Una vez que adopte un compromiso, establezca por anticipado cuándo tendrá derecho a volver a revisarlo. Luego, aténgase a él hasta que llegue ese momento. Si aparece la pereza o la rebeldía, recuerde: «Si no quiero seguir haciendo esto, cancelaré mi compromiso cuando vuelva a evaluarlo. Hasta entonces, seguiré con ello.»

Creador de suerte: quiera lo que ya tiene

Si no consigue lo que quiere, sufre; si consigue lo que no quiere, sufre; incluso cuando consigue exactamente lo que quiere, sigue sufriendo porque no puede tenerlo para siempre. Su mente es su predicamento. La vida no es sufrimiento, sólo se trata de que usted la sufre en lugar de disfrutarla hasta que abandona todos los vínculos de su mente y sólo se deja llevar, libremente, suceda lo que suceda.

De la obra *WAY OF THE PEACEFUL WARRIOR*, de DAN MILLMAN

A pesar de que este capítulo trata de la creación de suerte pidiendo lo que usted quiere, es irónico que una de las maneras más rápidas de crear suerte sea querer menos. No porque sea usted patológicamente incapaz de recibir los dones del universo por culpa de su poca autoestima; no porque querer comodidades y lujos materiales en su vida no sea «espiritual». Se trata de una clase diferente de querer menos. El secreto de la felicidad es averiguar que está bien pedir lo que quiere y, al mismo tiempo, amar y apreciar lo que ya tiene. Al universo le gusta dar a la gente que agradece aquello de lo que ya goza.

A pesar de que el Budismo enseña que la búsqueda de la felicidad es la misión más importante que tenemos, también nos enseña que las raíces del sufrimiento se encuentran en nuestras ansias. Los señores de la suerte del mundo disfrutan con entusiasmo sus pasiones, pero lo dejan correr si no consiguen lo que pensaban que querían.

Creador de suerte: transforme sus adicciones en preferencias

El difunto Ken Keyes, Jr. fue un maestro importante para mí. Me ayudó a comprender que la mayor parte de mi miseria procede de preferencias que se han convertido en adicciones. La creación de suerte tiene que ver con tener preferencias y hacer lo que sea necesario para satisfacerlas, sin vincularse a ellas como si fueran adicciones.

¿Cómo puedo ver la diferencia entre una preferencia y una exigencia? Si puedo explicar lo que quiero y el motivo de que lo quiera sin reprimirme o sentirme mal en mi interior, es probablemente una preferencia. Si empiezo a ensombrecerme por dentro, es una exigencia.

KEN KEYES, Jr.

Las adicciones son algo que nos decimos que debemos tener para ser felices. Una preferencia es un deseo que si no se satisface, no nos hace sentir miserables. El lenguaje de las preferencias es: «Me gustaría tener, sería bonito de verdad tener, me siento más seguro cuando tengo, etcétera». Una adicción es una exigencia que automáticamente nos hace sentir enfadados, tener miedo, o estar apenados cuando no se satisface. Ken me enseñó que cuando la vida no estaba satisfaciendo mis modelos adictivos y mis sistemas de creencias en lo que yo creía que debía ser la vida, las causas del dolor que yo sentía eran mis vinculaciones y mis adicciones, no el propio acontecimiento.

¿Significa eso que tenemos que convertirnos en zombies, pidiendo cosas que sólo queremos a medias? ¡No! Ken Keyes me enseñó: «La felicidad es el resultado de la máxima involucración con la mínima adicción.»

Dominar esta estrategia de creación de suerte requiere muchísima paciencia y persistencia. Descúbrase en el momento de expresar una adicción y vea si es capaz de convertirla en una preferencia. Empiece por las cosas pequeñas —como estar en una cola y volverse adicto a colarse— antes de pasar a cosas mayores, como no permitir que la desaprobación de su esposo por su nuevo corte de pelo cause estragos en su autoestima.

Cuando empiece a pedir lo que quiere, pero no a exigirlo, el universo le responderá.

La razón de que mucha gente no reconozca una oportunidad es que acostumbra a ir por ahí llevando un mono y parece un trabajo difícil.

ANÓNIMO

El capítulo 3 le enseñará a utilizar su intuición y las coincidencias para ayudarle a planificar su camino hacia la suerte.

3

Haga caso a su intuición y a las coincidencias significativas

Cuando seguimos a nuestra intuición de lo que es adecuado y verdadero para nosotros y hacemos lo que, de verdad, sentimos que tenemos energía para hacer, siempre parece que tenemos suficiente dinero para estar, hacer y tener las cosas que, de verdad, necesitamos y queremos. Cuando seguimos el flujo de nuestra energía, el universo siempre parece apoyarnos financieramente y, en ocasiones, de una manera muy sorprendente e inesperada.

SHAKTI GAWAIN

Creador de suerte: haga caso a su intuición con mayor frecuencia

Para crear más suerte debe aprender a escuchar y a seguir, con mayor frecuencia, a su intuición. ¿Qué queremos decir con intuición? Se trata de una sabiduría que es más profunda y más amplia que su mente. Puede que escuche una voz en su cabeza o que reciba un relámpago de sabiduría que haga que usted sepa algo «en su interior», a pesar de que no sepa por qué lo sabe. Puede ser una sensación, no un pensamiento. Puede ser un aviso interno que le dice que frene, o un aliento privado que le dice que siga aventurándose a pesar de que esté aterrorizado. Todos los autores han experimentado ese misterio al que llamamos «musa». Escribir es algo que es frecuente que proceda de un lugar en el que reina la intuición.

Puede que interprete su intuición como una parte sabia de sí mismo, la guía de un ángel de la guarda, o de la voz de Dios que le habla directamente. Es ese sexto sentido suyo, unido a los cinco sentidos físicos del tacto, la vista, el oído, el olfato y el gusto.

Si se resiste, puede que su intuición sea una molestia, como un padre que aparece, precisamente, en el momento en que va usted a hacer algo divertido. Puede ser muy suave y sutil o puede darle en la cabeza con un mensaje muy fuerte. Puede que confíe usted más en su intuición que en su pensamiento lógico o puede que cuando su intuición intente disuadirle de algo que parece, perfectamente, racional usted la contemple con sospecha.

No siempre sabrá cuándo la voz de su intuición le está hablando o, si es que se da cuenta de ello, tendrá el valor de hacer algo al respecto. En ocasiones sólo más tarde verá que no se dio usted cuenta de las señales de aviso. Pero su intuición siempre está ahí, incluso si en ocasiones se queda en segundo plano.

Imagínese que su automóvil tiene un reproductor de discos compactos. Un día, usted decide que se ha cansado de los CD que ha estado escuchando durante meses, así que saca el reproductor, se lo lleva a casa y cambia todos los CD antiguos por unos nuevos. Cuando vuelve a instalar el reproductor en su coche, ninguno de los CD suena y piensa que se ha estropeado. Luego descubre que los había colocado todos al revés. El reproductor no podía tener acceso a la música a pesar de que ésta estaba allí.

Algo muy parecido es lo que sucede cuando su intuición se bloquea. La tiene a su disposición como recurso, pero no puede acceder a ella.

Este capítulo comenta las conductas bloqueadoras de la suerte que impiden que su intuición llegue hasta usted y las conductas creadoras de suerte que harán que usted se abra a la guía de su intuición.

Bloqueador de la suerte: demasiado ruido

Imagínese que su intuición es una llamada telefónica. Está intentando comunicarse con usted pero usted no puede concentrarse en ella porque hay demasiada actividad y demasiado ruido a su alrededor. Esta mañana, por ejemplo, mi suegra llamó para hablar con mi esposo. Le pasé el teléfono y él intentó tener una conversación coherente con ella mientras nuestros tres pequeñajos corrían a su alrededor, riendo, saltando y chillando. La conversación duró 45 segundos. Él no podía oírla ni concentrarse porque había demasiado caos en torno suyo.

A veces, para competir con las distracciones, su intuición elevará el tono y puede que a usted no siempre le guste la manera en que le llega el mensaje.

Por ejemplo, un Yom Kippur (una gran festividad judía) yo estaba en la sinagoga intentando rezar, pero mi mente estaba parloteando a toda velocidad y yo no me sentía conectada con Dios en lo más mínimo. De camino a casa un policía de tráfico me detuvo y me puso una multa por exceso de velocidad. Me sentó muy mal, pero también me reí mucho: «¡Está bien, Dios! Ya he recibido el mensaje, me estás diciendo que vaya más despacio. No te podía oír en la sinagoga así que has tenido que decírmelo de otro modo. ¡De acuerdo!».

Si ignora usted los avisos amables para que se cuide más y vaya más despacio, puede que su cuerpo le plante cara y le haga ir más despacio por medio de enfermedades o incapacidades. Así tendrá usted mucho tiempo para quedarse en la cama y oír cómo le habla su intuición.

Creador de suerte: cálmese y vaya más despacio

¿Cómo puede calmar su vida y por lo tanto, su mente para que su intuición sea más accesible? Hay gente que jura que lo consigue haciendo meditación todos los días. Si la idea le llama la atención, apúntese a una clase y aprenda a meditar, o a practicar yoga, *tai chi*, u otras actividades que pueden ayudarle a tranquilizar su mente y a gestionar el estrés de su vida.

Pruebe a hacerlo poco a poco. Pruebe a apagar el televisor o el equipo de música cuando prepare la cena. Deje que el contestador recoja un mensaje si mientras está usted haciendo algo, llega una llamada telefónica. Empiece un «tiempo de tranquilidad» para sus hijos (que también necesitan ir más despacio) en el que puedan leer en silencio, o colorear dibujos, o utilizar el ordenador, pero sin televisión, música o conversación. Ponga el despertador una hora más temprano por la mañana y utilice ese tiempo antes del trabajo para rezar, leer, escribir un diario, hacer ejercicio, o sencillamente sentarse a leer el periódico mientras toma una taza de café.

Cada semana, sino cada día, dedique algún tiempo a descansar de alguna manera. Es posible que sienta que no puede controlar el ritmo de su ocupada vida durante seis días de la semana, pero lo que sí puede hacer es que el séptimo sea más tranquilo. ¿Cree que no puede permitirse todo un día lejos del trabajo y la productividad? Para empezar, pruebe a hacerlo toda una tarde a la semana.

Sintonice con su intuición mientras esté rezando, soñando, dando una cabezada o, sencillamente, «yendo por ahí». Diez o quince minutos adicionales de tiempo silencioso al día pueden representar toda una diferencia a la hora de conectar con su fuerza intuitiva.

Bloqueador de la suerte: pedir consejo con demasiada frecuencia

Somos muchos los que buscamos «por ahí» las respuestas a nuestras preguntas, con lo que nos comportamos como si los demás fueran más sabios respecto a lo que es bueno para nosotros y, además, invalida nuestra propia sabiduría interior. O bien no confiamos en nosotros mismos para tomar las decisiones correctas, o preferimos dar a los demás la responsabilidad de nuestras decisiones (no fuera a ser que nos equivocáramos).

Diario de la suerte: la manera de evaluar mi conducta ineficaz de búsqueda de consejo

¿Cuál de las siguientes conductas de búsqueda de consejo le suena más? Piense en unos cuantos ejemplos de su vida cuando el depender del consejo de los demás, en lugar de en su propia intuición, le ocasionó problemas. Califique la lista —que encontrará a continuación— de conductas ineficaces de búsqueda de consejo, según la escala siguiente:

1. Casi nunca lo hago.
2. Lo hago de vez en cuando.
3. Lo hago con frecuencia.
4. Lo hago casi siempre.

1. Pido el consejo de los demás y actúo de acuerdo con él, incluso cuando mi intuición me dice lo contrario.

2. Pido el consejo de la gente que quiero que me dé su aprobación.

3. Sólo pido consejo a la gente que me dirá lo que quiero escuchar.

4. Pido consejo pero luego, sólo escucho lo que confirma lo que yo quiero oír.

5. Nunca le pido consejo a nadie, a pesar de que no esté completamente seguro de lo que debería hacer.

6. Pido consejo en el último momento y después de que la decisión ya está, prácticamente, tomada.

7. Pospongo la toma de una decisión mientras sigo pidiendo más consejo.

8. Mi solicitud de consejo es, en realidad, para disfrazar que lo que quiero es que cuiden de mí.

9. Utilizo el consejo como una manera de evitar ser responsable de la toma de mis propias decisiones. De ese modo, si no va bien, puedo dar la culpa a la persona que me dio el consejo.

10. Nunca le pido consejo a Dios, o a un poder superior, o a mi intuición; sólo a las personas.

Imagínese que Dios le está llamando por teléfono para darle alguna instrucción. Puede que usted ni siquiera conteste, o si ya está hablando por teléfono y recibe la llamada de Dios (con la llamada en espera) le diga que ya se pondrá en contacto con él cuando esté a punto. La conducta de búsqueda de consejo mal adaptada es como recibir una llamada privada de Dios y convertirla en una teleconferencia con todos los que usted conoce. «Dios, mira estos son Joe, Chris, Julia Bill. Joe, Chris, Julia, Bill, el que está en la línea es Dios. Dios, ¿podrías volver a decir en voz alta lo que estás sugiriendo que haga para que mis amigos puedan oírlo? ¡Vale chicos! ¿Qué pensáis que debería hacer? ¿Tiene razón Dios?»

Creador de suerte: cuando sepa lo que tiene que hacer, absténgase de pedir consejo

No estoy sugiriendo que no pida consejo jamás. Recibir ayuda de otras personas también es una estrategia creadora de suerte. Líbrese de conductas de búsqueda de consejo que, en realidad, son una estratagema para evitar aceptar la responsabilidad y confiar en su propia sabiduría interna. Repase la lista anterior y concéntrese en lo que haya puntuado 3 y 4, ya que esas conductas son las que es más probable que interfieran con sus esfuerzos para crear suerte.

Responda a las preguntas siguientes:

1. ¿Bajo qué circunstancias tiene usted tendencia a pedir consejo de manera inapropiada? Por ejemplo:

    - Cuando hay mucho dinero en juego.
    - Cuando pienso que mis padres no lo aprobarán.
    - Cuando estoy asustado y quiero que alguien me convenza para dejarlo correr.
    - Cuando quiero una excusa para no hacer algo.

2. De manera detallada, ¿cuál es su comportamiento en esta conducta? Por ejemplo:

    - ¿Tan pronto como tiene una preocupación, llama a alguien inmediatamente?
    - ¿Pospone el actuar hasta que ha obtenido la aprobación de alguien?
    - ¿Se pasa horas al teléfono pidiendo consejo a un montón de gente?
    - ¿Llama a ese mismo amigo que siempre le dice aquello que usted quiere oír?
    - ¿Espera hasta que está a punto de tomar una decisión y luego lo demora pidiendo consejo?

Pruebe, en cambio, a hacer lo siguiente:

Elija sólo un patrón que le gustaría cambiar. Sea muy concreto respecto a la manera en que lo cambiará. Haga una o dos cosas de manera diferente a su enfoque habitual y empezará a crear unas conductas nuevas de búsqueda de consejo. Cuando obtenga resultados positivos, eso reforzará su deseo de depender más de su propia intuición para la toma de decisiones.

Por ejemplo, digamos que su patrón es llamar a su padre y pedirle su consejo/aprobación siempre que va a tomar alguna decisión que tiene consecuencias financieras. Usted tiene 45 años y su padre 72. Usted es financieramente independiente y él no va a estar ahí siempre. A usted le gustaría empezar a tomar esta clase de decisiones por sí solo.

La próxima vez que se presente la necesidad de tomar una decisión financiera, deténgase antes de telefonear a su padre y pregúntese a sí mismo si sabe cuál es la decisión acertada para usted. Lo más probable es que lo sepa. Luego actúe, y si quiere, cuéntele a su padre la decisión que *ha tomado* en lugar de la decisión que está intentando *tomar*. Explíquele que tiene necesidad de hacer este cambio a pesar de que aprecia la sabiduría que ha compartido con usted a lo largo de los años, para no herir sus sentimientos.

Establezca sus intenciones en una nueva dirección incluso si, en ocasiones, vuelve a caer en los patrones familiares de búsqueda de consejo.

Creador de la suerte: cuando se sienta angustiado permita que otras personas le apoyen

Pedir ayuda con demasiada frecuencia puede ser patológico, pero pedir apoyo puede ser beneficioso. Distinga entre las conductas erróneas siguientes:

No escuchar a su intuición porque tiene usted miedo, es débil, o está acostumbrado a que le cuiden como a un niño *y a ignorar lo que usted sabe que sabe que necesita hacer,* mientras intenta conseguir que otra persona tome la decisión por usted.

Y esta conducta creadora de suerte:

Conseguir el apoyo de alguien que le aliente a hacer lo que usted sabe que debe hacer, incluso si eso le asusta.

Cuando su intuición le diga una cosa y su mente otra, puede que le sirva de ayuda desahogarse con su cónyuge, un amigo íntimo, un colega de negocios o un asesor.

Lo ideal sería que la persona le alentara a tomar la decisión correcta *para usted.* Eso acostumbra a ser difícil para un cónyuge, un socio en los negocios o un padre, porque es frecuente que tengan un fuerte prejuicio respecto a las decisiones que usted toma en su vida.

Su piedra de toque debe ser la persona capaz de simpatizar con sus sentimientos de miedo y confusión, ayudándole a pasar por el proceso de toma de decisiones y a sintonizar con su sabiduría interior, en lugar de decirle lo que tiene que hacer. He aquí un ejemplo de cómo fui capaz de apoyar a mi esposo en su proceso de toma de decisiones:

Mi esposo estuvo en paro durante un período de tiempo, debido a una reducción de personal en la empresa en la que trabajaba. Después de cuatro meses de paro le llegó una oferta lucrativa de trabajo que aceptó y luego se enteró de que la cultura corporativa era tan poco amigable con las familias como ni siquiera podía imaginarse. Se le ordenó que estuviera en su despacho no más tarde de las ocho de la mañana, todos los días sin excepción. Vivíamos a una hora de distancia, lo que significaba que él tenía que salir de casa a las seis y cuarenta y cinco cada mañana, para asegurarse de no llegar tarde.

En ocasiones debo viajar a causa de mi negocio, lo que exige que Stephen ayude por la mañanas a que los niños se preparen para el colegio y que esté en casa a las cuatro de la tarde, cuando vuelve el autobús escolar. Le explicó a su nuevo jefe que, en ocasiones, necesitaba tener un horario de trabajo algo flexible. Su nuevo jefe exigió el compromiso de Stephen con un horario rígido o la oferta sería retirada.

Stephen estaba profundamente preocupado y me preguntó qué es lo que debería hacer. Tuve mucho cuidado de no decirle que rechazara el trabajo (a pesar de que eso es lo que *mi* intuición me decía), porque entonces él podría culparme si pasaba mucho tiempo sin encontrar otro trabajo. Si le decía que aceptara el trabajo por culpa de *mi* miedo de quedarnos sin dinero, yo dejaría, de manera nada apropiada, que mis miedos interfirieran con su proceso intuitivo. En lugar de eso intenté ayudar a Stephen a que averiguara qué es lo que le estaba diciendo su intuición que hiciera y le ofrecí mi apoyo, haciéndole saber que si decidía rechazar el trabajo, yo estaría conforme con su decisión.

Stephen sabía que se sentiría miserable en esa clase de entorno de trabajo. Su mente tenía miedo de no conseguir otro trabajo rápidamente y su miedo le decía que debería aceptar el trabajo ya que, por lo menos, era mejor que nada. Su instinto le dijo que sería un error tremendo y que era predisponerse al fracaso. Una vez que estuvo seguro de que yo apoyaba *su* decisión de rechazar el trabajo, lo hizo. Sabía que estaba tomando la decisión correcta, a pesar de que le daba mucho miedo. Hablar del dilema conmigo le ayudó a seguir adelante a pesar de sus reservas.

Y esta historia tiene un final feliz: el trabajo de sus sueños se presentó dos meses más tarde.

Nuestros pensamientos pueden ser como un millar de monos en un árbol, que se balancean colgados de sus colas, de sus brazos y de sus patas de rama en rama, agarrándose los unos a los otros y luego escapándose. Los pensamientos son como los monos, les encanta recrearse en las pulgas, esas cosas que nos molestan o irritan: picando, rascando, mordisqueando nuestras mentes hasta que nuestros sentimientos se infectan y no hay motivo alguno para que sea así. Nosotros somos los que mandamos en nuestros pensamientos.

SUE PATTON THOELE

Creador de suerte: aprenda su propio lenguaje intuitivo

La intuición se comunica con un lenguaje diferente al parloteo que utilizamos diariamente. Su intuición puede que se le presente durante un sueño, con mensajes simbólicos y metafóricos. Lleve un diario escrito de sus sueños y puede que empiece a darse cuenta de que existe un patrón entre los animales, cosas, gente, o acontecimientos que aparecen en ellos y las decisiones que está intentando tomar durante el día. No se fíe mucho de los libros que prometen interpretar los sueños. Lo que importa es cómo interpreta *usted* sus sueños y las imágenes que siguen apareciendo en ellos. ¿Qué es lo que su intuición está intentando comunicarle por medio de su subconsciente y esa fase del sueño?

Es posible que su intuición o un poder superior le hable por medio de animales o de otras personas y no sólo con palabras. Por ejemplo, tenemos a esta mujer que nos cuenta que:

Ver a una mariposa me recuerda siempre al crecimiento y al despertar espiritual. Esta hermosa criatura fue una vez una oruga dentro de un capullo. Con la paciencia suficiente, la oruga surge transformada. Una vez, durante un período de gran ansiedad y angustia, una mariposa pasó aleteando por mi lado en un día frío en el que era poco probable que se vieran mariposas. Yo pensé que era un ángel que me enviaba un mensaje para recordarme que si seguía mi camino y tenía paciencia, yo también me transformaría.

La mariposa se convirtió en un símbolo para mí. Siempre que siento una gran ansiedad o miedo, le pido a Dios que me envíe una mariposa para que me tranquilice. Y es frecuente que aparezca una. Es como una señal que me dice: «No te preocupes, estás en el camino correcto.»

Es posible que un mensaje de su intuición se manifieste físicamente. A veces, tengo un latido en un ojo que me dice que estoy completamente estresada. Es posible que reconozca usted a su intuición o a su ángel de la guarda cuando un acontecimiento sigue repitiéndose. Habrá oído decir: «¡Siempre que oigas algo tres veces, será mejor que prestes atención!». Por ejemplo, cuando una persona me recomienda que compre un libro en especial, es posible que yo no lo haga inmediatamente. Pero si ese libro me lo mencionan dos o tres veces, acostumbro a comprarlo.

Al contrario que el pensamiento lineal, es posible que su intuición se le revele poco a poco. Algo parecido a una obra de teatro en tres actos de la que viera usted el primer acto esta semana, el segundo la semana próxima y el tercer acto dentro de un mes. Es posible que hasta que no vea el tercer acto no se dé cuenta de que ya ha visto el primero y el segundo y de que existe una conexión entre los tres.

Diario de la suerte: ¿de qué manera me habla mi intuición y cómo la bloqueo?

Escriba en su diario entre cinco y diez maneras de experimentar su intuición y cómo sabe usted que le está hablando. Éstas son sus banderas rojas, que le dicen que preste atención.

Ahora, escriba de cinco a diez maneras que tiene usted de no hacer caso de esas banderas rojas. Por ejemplo, diciéndose a sí misma: «Eso no tiene sentido, o «¿Cómo puedo saberlo seguro?», o regañándose a sí misma: «Es demasiado raro para que me lo tome en serio.»

¿No está seguro de la manera en que le habla su intuición? ¡Pruebe lo siguiente! Durante un día o varios lleve consigo un pequeño cuaderno de bolsillo y anote los pensamientos que se le ocurran al azar, y que usted crea que es su intuición la que se los dicta. No decida aún si debería hacer lo que la voz de su intuición le está diciendo, sólo anótelo. Al final del día o de la semana repase lo escrito. ¿Cuál es el patrón que emerge?

He aquí una advertencia: no registre, únicamente, acontecimientos momentáneos en los que parezca que Dios ha dejado los cielos para darle ese mensaje que no puede ignorarse. Incluya un pensamiento sencillo que haya tenido mientras estaba preparando la cena.

Creador de suerte: haga preguntas a su intuición

Una vez que sea consciente de las preguntas adecuadas al momento, siempre recibirá alguna especie de instrucciones intuitivas respecto a lo que hay que hacer y adónde hay que dirigirse. Se tiene un pálpito respecto al paso siguiente. Siempre. La única ocasión en que no va a ocurrir es cuando tenga en mente la pregunta equivocada. Verá que el problema de la vida no está en recibir respuestas sino en identificar las preguntas que hay que hacer. Una vez que se sabe cuáles son las preguntas, las respuestas siempre llegan.

de *THE CELESTINE PROPHECY*, de JAMES REDFIELD

Empiece a interactuar con su intuición como si se tratara de una fuerza palpable en su vida, que le escucha y le responde. Puede que tenga una intuición respecto a cuál es la dirección correcta que hay que tomar, pero no está seguro del todo. Le gustaría tener alguna clase de confirmación y puede pedirle a su intuición que se la proporcione y luego espere las respuestas. Pueden aparecer bajo la forma de una coincidencia sorprendente, o un pensamiento en su cabeza, o alguien que le telefonea para darle alguna información en un momento crucial. La clave para conseguir que funcione es hacer preguntas muy concretas y sencillas como: «¿Debería aceptar la oferta de trabajo de la empresa x?» en lugar de: «Indícame qué clase de trabajo debería aceptar.»

Como *The Celestine Prophecy* indica adecuadamente, la parte más difícil es decidir cuál es la pregunta adecuada o, de lo contrario, no recibirá respuesta alguna, o recibirá una que será difícil de interpretar. La pregunta debe ser breve, sencilla y concreta.

Practique haciendo preguntas que en realidad no tengan importancia para usted. Por ejemplo, suena el teléfono. Pregúntele a su intuición: «¿Quién llama?», o «¿Es una llamada que no quiero o es alguien con quien quiero hablar?». Luego sintonice bien para obtener una repuesta de su intuición. Diviértase un poco con ésto y vea si puede mejorar su tasa de aciertos. Luego pase a preguntas más importantes para su vida.

Algunas preguntas y la respuesta intuitiva que obtendrá la llevarán a más preguntas. Está bien, ¡haga más preguntas! Si obtiene una impresión intuitiva pero no está segura de lo que significa, pida más aclaraciones.

Cuantas más preguntas le haga a su intuición, más esperará que su intuición tenga las respuestas. Como cualquier otro instrumento, cuanto más lo toque y más lo afine, mejor sonará.

Creador de suerte: pida confirmación al universo

Hay gente que piensa que su intuición y el universo son la misma cosa y otros las separan. Lo defina como lo defina, puede pedir señales concretas de que va en la dirección correcta. Karen Carnabucci, terapeuta, líder de un taller y asesora de Lancaster, Pennsylvania (EE.UU.), nos ofrece un ejemplo sensacional de la manera de hacerlo:

> Cuando empecé a pensar en abrir mi consulta me hacía muchas preguntas. En esa época no había otras consultas que se dedicaran a lo que yo pretendía (establecer un centro de salud holística) y sabía que necesitaba una señal del universo para seguir adelante.

> Decidí que cada vez que me encontrara una moneda de un centavo, sería una afirmación de mi decisión de seguir adelante. De repente, parecía como si los centavos de la suerte estuvieran por todas partes. En la acera, debajo de un parquímetro, en los bolsillos de vestidos que hacía tiempo que no me ponía. A veces eran monedas de diez centavos, de veinticinco e incluso billetes de un dolar. Tomándolo como señales del universo para que siguiera adelante con mi plan, seguí encontrando centavos incluso después de abrir las puertas de mi consulta.

Los cínicos pueden decir: «Bueno ¿y qué prueba eso? ¡Buscaba monedas de un centavo y las encontró! ¿Qué tiene que ver con abrir un centro de salud?». Lo que cuenta es la importancia que Karen le dio y la confianza que eso le proporcionó para superar su miedo. Estos centavos fueron una manera tangible de sentirse apoyada por el universo en un plan que muchas de las personas de su vida no hubieran apoyado. Otros puede que vieran un centavo en el suelo y ni siquiera se molestaran en recogerlo. A Karen, los centavos que encontró le proporcionaron paz mental y valor.

¿Significa que si no hubiera encontrado ningún centavo de la suerte no debía haber seguido adelante? Bueno, si esta clase de experiencia iba a hacer que perdiera la fe en su idea, sí. Cualquiera que se aventure a trabajar por cuenta propia será mejor que haya tomado una decisión sólida y que esté convencido, más allá de la sombra de una duda, de que es la decisión acertada. El no haber encontrado centavo alguno podría haber colocado la suficiente preocupación en la mente de Karen para que se hubiera sentido excesivamente abrumada por el miedo y la duda para ser eficaz.

Destructor de la suerte: ignorar su intuición como temprano sistema de aviso

La intuición es la sabiduría en retrospectiva.

LAURIE BETH JONES

El problema no es siempre el no oír a su intuición. Es posible que usted la ignore a pesar de que esté hablando alto y claro.

Después de haber leído mi libro, *Starting from No: Ten Strategies to Overcome Your Fear of Rejection and Succeed in Business,* una mujer me pidió que le hiciera de asesora. Se había dado cuenta de la existencia de un patrón en su negocio. Tan pronto como empezaba a dar señales de que iba a darle la prosperidad que deseaba, hacía alguna cosa para arruinarlo. Cuando se puso en contacto conmigo me dijo que «no tenía ni idea» de por qué lo estaba haciendo.

Yo sabía que la respuesta estaba en la voz de su intuición a la que ella estaba ignorando. Le pedí que me dijera qué es lo que se decía a sí misma cuando su negocio empezaba a ir bien y me contesto: «¿Y qué pasa si entonces tengo tanto trabajo que no puedo hacer ejercicio, o dormir o comer bien?». Yo le pregunté: «¿Y qué pasaría?». Me respondió: «Que mi presión sanguínea se disparará.» «¿Y qué?», seguí preguntando. Me respondió, casi en voz baja: «Que me moriré.»

Hubo una larga pausa y ella permitió que la conciencia de lo que había dicho llegara hasta el fondo de sí misma. Su autosabotaje era una reacción directa a una voz interior que la estaba avisando para que no permitiera que su negocio la abrumara, lo que pondría en peligro su salud. Como ella ignoraba a esa voz, ésta no hacía más que gritar cada vez más fuerte a medida que ella iba teniendo más trabajo.

En cuanto dejó de bloquear su sabiduría interna y se abrió a ella, ya pudo controlar su negocio. Instaló sistemas y compromisos nuevos para asegurarse de que pudiera continuar con su rutina diaria de hacer ejercicio y sus horas de sueño. Cuando empezó a ganar más dinero, contrató a alguien para que cocinara comida sana para ella, o sea, que cuando aprendió a establecer los límites que necesitaba para florecer físicamente, su negocio también prosperó.

Cuando somos víctimas, al azar, de algo sobre lo que no tenemos influencia alguna, lo llamamos mala suerte. Por ejemplo: por la noche, mientras duerme y sin aviso previo, un tornado barre su calle y se lleva el tejado de su casa. Cuando conduce por la autopista, un adolescente estúpido que no busca otra cosa que emociones fuertes lanza una piedra desde un paso elevado que choca contra su parabrisas delantero y le deja paralizado durante el resto de su vida. En el camino hacia el instituto, un alumno rabioso dispara y le mata, sólo porque usted es cristiano y él odia a los cristianos. Estos incidentes no eran culpa de las víctimas sino casos de lugar y momento equivocado: mala suerte.

Pero ¿qué sucede si usted acepta un trabajo que sabe que es una elección horrorosa para sus objetivos de carrera y para su personalidad y llega a su primer día de trabajo lleno de temor porque sabe que no se trata del trabajo que le conviene? ¿Es mala suerte cuando le despiden, seis meses más tarde?

¿Y qué pasaría si decidiera irse a vivir la zona de California que está constantemente sometida a deslizamientos de tierra, sabiendo que existe una gran probabilidad de que su hermosa casa acabe en ruinas, pero confiando en que se va a librar de ello? ¿Se trata de «mala suerte» o fue su arrogancia y su pensamiento mágico (¡a mí no me va a pasar!) lo que hizo que perdiera su hogar? Son ambas cosas porque usted no ocasionó el deslizamiento de tierras pero sí que decidió vivir en su camino probable.

Creo que mi intuición salvó a nuestra familia de la devastación y doy gracias a Dios por haberla escuchado:

Ademar era un chico brasileño de 18 años de edad que vino a pasar un año con nosotros; formaba parte de un intercambio de estudiantes y se convirtió en un querido miembro de la familia. Después de diez meses de vivir con nosotros, estábamos muy tristes de verle regresar a

Brasil y por ello hicimos planes para llevarle a cenar fuera como regalo de despedida.

La noche que habíamos planeado la salida, mi intuición me dijo que era mejor que nos quedáramos en casa y tuviéramos una cena casera. Me presionaron para que siguiera adelante con los planes que ya habíamos hecho y además sentí algo de culpa por haber sugerido que anuláramos nuestros planes, pero mi intuición insistía con todas sus fuerzas para que nos quedáramos en casa.

Poco después de haber terminado de cenar, tanto mi esposo como yo notamos un olor a humo acre en la casa. Después de hacer salir a toda prisa a los niños, descubrimos un incendio en el sótano, que había sido provocado —según descubrimos más tarde— por un problema de cableado eléctrico en instrumentos de jardinería de mi esposo. Los bomberos acudieron con rapidez y escapamos sin pérdida alguna de bienes ni personal.

Los bomberos nos dijeron que si no hubiéramos estado en casa cuando se inició el fuego, era probable que hubiéramos perdido la casa y todo lo que contenía.

Si hubiéramos salido a cenar tal como habíamos planeado, ¿hubiera tenido yo la culpa del incendio por no prestar atención a mi intuición? Después de conocer lo sucedido es fácil mirar atrás y decir que sí. Pero no, mi intuición no me dijo: «¡Vais a tener un incendio eléctrico en el sótano, así que hoy no salgáis fuera a cenar!». Como siempre, se trató de una advertencia mucho más delicada y sutil y que hubiera sido fácil ignorar.

Esa noche, mi intuición fue un regalo que fui afortunada al recibir. Al hacer caso a mi sistema interno de alarma, evitamos un incendio devastador de verdad.

Los hombres tropiezan, de vez en cuando, con la verdad, pero la mayoría se levantan y siguen adelante a toda prisa, como si nada hubiera sucedido.

WINSTON CHURCHILL

Creador de suerte: distinga entre sabiduría intuitiva y miedo

¿Cómo puede saberse la diferencia entre intuición y miedo? ¿Cómo detecta usted cuando su intuición es la parte más sabia de usted, o Dios que le habla y le avisa de que no siga por el camino en que va, y no se trata de su miedo a lo desconocido que intenta impedirle que corra riesgos, o que vaya en una dirección positiva y nueva?

Cuando suenan las alarmas ¿se trata de un amigo o de un enemigo? ¿Se trata de una prueba para su valor porque se necesita temple para proseguir con algo que ya se tiene planificado, o lo es porque se necesita fortaleza para seguir adelante con algo incluso cuando se tiene miedo?

Según mi experiencia, si uno está dispuesto a ser honesto consigo mismo, sabe la diferencia entre el miedo y la intuición.

Pongamos como ejemplo a una novia el día de su boda. Cuando se acerca el momento de la boda planeada, se siente consumida por la duda de si ese es el hombre adecuado y si debería seguir adelante con la boda. ¿Se trata únicamente de los nervios previos a la boda, o está a punto de cometer una de las mayores equivocaciones de su vida?

Quien conoce la verdadera respuesta a esta pregunta es ella misma. Si se trata de la última posibilidad, ella ha sabido todo el tiempo que había tomado una decisión impulsiva al comprometerse y que, probablemente, no había tenido valor para echarse atrás y que, como un tren lanzado a toda velocidad, se siente impelida a seguir adelante, a pesar de que lo que quiere es saltar del tren. Cuanto más se acerca el día de la boda, su corazón se llena más de temor que de amor.

Intenta decirle a su mente que, en realidad, él es un tipo estupendo y que sólo se trata de los nervios normales de antes de la boda, pero lo que sucede es que ha perdido la perspectiva. Ella sabe la verdad y ésa es que está a punto de cometer una gran equivocación y que no se trata sólo de un ataque de nervios. El día mismo de la boda va haciendo todo lo necesario como si fuera un robot, confiando en poder mantener la fachada para no humillar a su familia, al novio y a sí misma. Cuando termina la ceremonia no se siente aliviada sino mortificada pero, de todos modos, sonríe a su esposo y a los invitados. Sabe que en realidad no debía haberse casado con este hombre pero que, de todos modos, lo ha hecho y ahora que está hecha la cama, tendrá que dormir en ella.

Si hubiera notado un conocimiento interior de que, al elegir al novio, había tomado la decisión adecuada pero que tenía miedo de desmayarse en el altar, el pánico hubiera sido distinto. Hubiera estado mezclado con amor y admiración por su novio, y lo más probable es que se hubiera disipado una vez que hubiera pasado parte de ese día que le daba tanto miedo. Hubiera sentido una calma interior, sabiendo que su elección era buena incluso si tenía miedo de la ceremonia. Hubiera podido hablar de ello con su novio y éste la hubiera tranquilizado. Podría haber tenido miedo, sin duda, de lo acertado de su decisión de casarse con él.

Si se está haciendo la pregunta: «¿Se trata sólo de miedo o debería cambiar mis planes?», puede que se la esté haciendo como un nuevo intento de negar la verdad. Si cambiar de planes la humillara a usted o a alguna otra persona, hiciera que no alcanzara un sueño con el que ya contaba, creara alguna inconveniencia, o le costara un montón de dinero, puede que fuera mejor no hacer caso a su intuición y decirse: «Es una tontería. Solo tengo miedo. No tengo que cambiar nada.»

Cuando se diga eso, ¿su «medidor de tonterías» casi no registra movimiento alguno, o se está saliendo por la parte alta?

La intuición no razona, ni necesita hacerlo. La intuición se limita a saber y al instante. Si se descubre pensando: «Si esto sucede, es que era probable que sucediera», usted está razonando en lugar de utilizar su intuición.

LAURA DAY

He aquí otras dos maneras de distinguir entre el ruido mental y la sabiduría superior:

La intuición acostumbra a ser mucho más silenciosa que el miedo. Cuando uno sabe algo de manera intuitiva, se limita a saberlo sin necesidad de un montón de palabras. De hecho, incluso puede ser difícil decirlo con palabras o puede parecer ilógico, pero se sabe. Se trata más bien de una sensación que de toda una frase. Cuando lo que está al mando es la mente, está hace mucho más ruido dando largas explicaciones, sacando a relucir obsesiones que parlotean en su cabeza, todo menos un conocimiento callado. Así es como podrá distinguir entre sabiduría intuitiva y miedo.

La intuición acostumbra a ser mucho más amable que el miedo. Si el lenguaje de su cabeza está lleno de vergüenza, ansiedad y juicios, es probable que su origen sea su mente y sus «debería» y no su sabiduría superior. La guía de la intuición pura tiende a ser más cálida, más delicada, más amable y más gentil y se parece más a un amigo que nos quiere que a un progenitor que emite juicios. El miedo tiene tendencia a desmotivarnos o a asustarnos tanto que nos quedamos inactivos; la guía intuitiva acostumbra a motivarnos para que actuemos.

Por ejemplo, a un cliente mío le iba mal en su negocio y no había decidido si seguir adelante o abandonarlo. Me preguntó: «¿Cómo puedo saber la diferencia entre querer abandonar porque tengo costumbre de abandonar tan pronto cuando las cosas se ponen difíciles, o abandonar porque de verdad se supone que tengo que hacerlo?».

Si las voces en su cabeza hubieran sido: «Eres un perdedor. Siempre lo dejas cuando se pone difícil. No es más que otro ejemplo de que no quieres hacer lo que hace falta», es probable que su mente le estuviera sermoneando y no que la que hablara fuera su intuición.

Una voz intuitiva podría ser algo así: «Eso no me parece bien. Está claro que este negocio no es algo que vaya bien con mi personalidad y ya es hora de dedicarme a otra cosa que me funcione mejor.»

Las instrucciones de su intuición puede que ni siquiera le llegaran en palabras sino en una sensación interior de que ha llegado el momento de seguir adelante, a pesar de las admoniciones de su mente.

Manténte firme en lo que sabes que es correcto,
porque es sabio tal como he descubierto.
El poderoso roble fue una vez una semilla
que, sencillamente, se aferró a su terreno.

ANÓNIMO

Diario de la suerte: las consecuencias negativas que se produjeron cuando no hice caso a mi intuición

Anote una descripción de alguna ocasión en que su intuición le gritaba que no hiciera algo, pero usted lo hizo de todos modos.

¿Por qué la ignoró? ¿Cuáles fueron las consecuencias? Viéndolo ahora, ¿qué desearía haber hecho en lugar de lo que hizo?

He aquí algunas de las razones por las que puede que no haga caso a su intuición y siga, en cambio, a su mente lógica. Califique cada una de 1 a 5. El 1 quiere decir: «Eso no es importante para mí», y el 5: «¡Siempre me convence!».

1. No quiero quedar como un tonto.

2. Tengo miedo de equivocarme.

3. No quiero hacer daño a otra persona.

4. La última vez mi intuición estaba equivocada y ya no confío en ella.

5. No puedo oír, claramente, a mi intuición.

6. Quería seguir a mi intuición pero todo el mundo me dijo que estaba loco.

7. Mi cónyuge (o progenitor, o lo que sea) me hizo hacerlo.

8. Seguir a mi intuición significa que tengo que cambiar y yo no quiero cambiar.

9. Todo está ya en marcha. Es demasiado tarde.

10. Básicamente, soy una persona perezosa que no quiere tener que trabajar tanto.

11. Tengo miedo de perder dinero.

12. Otra razón (describa la que usted quiera).

A la única persona que le gusta el cambio es a un bebé mojado.

PROVERBIO YIDDISH

Creador de suerte: preste atención a las coincidencias significativas

Si alguna vez necesita una dosis de fe en un mundo que tiene un significado, un propósito y un plan divididos, lea uno de los libros de *Pequeños Milagros* publicados por Adams Media. Estos libros recogen historias de coincidencias sorprendentes procedentes de la vida diaria. Las historias de coincidencias siempre me hacen despertar y me recuerdan que el universo es, realmente, un lugar mágico con un orden divino.

No necesita leer esos libros para tener esa sensación de temor reverente ya que todos tenemos en nuestros recuerdos alguna historia propia de coincidencia. Piense en todas las personas con quien se ha encontrado al azar y por coincidencia y que, después, supusieron un cambio radical en su vida.

> *Es posible que todo lo que sucede en nuestras vidas sea, únicamente, el resultado de causas y efectos impersonales. Es posible que vivamos en un universo que sea consciente, uno en el que nuestras vidas estén siendo entretejidas como los hilos de un tapiz alucinante. A veces se nos permite dar una ojeada fugaz al dibujo, a la urdimbre y a la trama de nuestra vida.*

> RABINO JONATHAN KLIGER

Una de las cosas más habituales en una coincidencia significativa es la manera en que cada uno de nosotros encuentra a la persona que es importante. Cuando se piensa en los billones de personas que hay en este planeta, ¿no es siempre un milagro encontrar a «nuestra alma gemela»? Si alguna vez quiere escuchar una buena historia de coincidencias, pídale a alguien que le cuente cómo encontró a su amor.

Si no hubiera sido por lo que definimos como una coincidencia significativa (una coincidencia que tiene importancia frente a una buena coincidencia temporal, como cuando acudí al buzón para echar una carta, precisamente, cuando el cartero llegaba a recoger el correo, ¿bueno y qué, a quién le importa eso?), yo no me hubiera casado con Stephen, mi esposo, ni hubiera traído tres niños al mundo. He aquí, en pocas palabras, la «historia de nuestro encuentro»:

En 1992 yo insertaba un anuncio que decía que buscaba esposo en la sección de anuncios personales de un periódico local de Boston, el *Jewish Advocate*. Después de varios meses de intentar encontrar al hombre «adecuado», renuncié y anulé mi anuncio. Resultó que en la época en que mi anuncio aparecía en el periódico, Stephen, el hombre de mis sueños, estaba casado y además no estaba suscrito al mismo. Cuando el matrimonio de Stephen se desmoronó, él volvió a entrar, a regañadientes, en el mundo de los solteros. Visitó a una tía suya en otra ciudad que le dió su ejemplar del *Jewish Advocate*, sugiriéndole que repasara la sección de anuncios personales.

Cuando Stephen echó una ojeada a la columna de anuncios personales de esa semana, vio un anuncio que le llamó la atención de inmediato y que contestó esa misma noche. Resultó que se trataba del mío. ¿Cómo podía ser así? Hacía meses que lo había anulado y no debería haber aparecido en absoluto.

Por «coincidencia», meses después de que yo lo hubiera anulado, el periódico había vuelto a insertar por error mi anuncio en la única sección de anuncios personales del *Jewish Advocate* que Stephen nunca había leído. Nos conocimos la noche que yo recibí su carta y nos casamos un año más tarde.

Que nos hubiéramos conocido gracias a los anuncios personales ya hubiera sido bastante notable, pero es posible que el cielo organizara una extraordinaria coincidencia para reunirnos.

Yo tenía unas ideas muy fijas respecto a lo que quería en un esposo y Stephen no cumplía ninguna de ellas. Cumplía mucho más que yo con nuestra religión judía, estaba criando a dos chicos adolescentes y todavía no estaba divorciado del todo. Si su carta me hubiera llegado junto con las montañas anteriores de citas posibles yo la hubiera colocado en la pila del «no» y no le hubiera contestado. Yo no quería un hombre devoto, que no estaba divorciado del todo y con dos hijos. Quién sabe dónde hubieran acabado nuestras vidas si yo hubiera echado su carta a la pila de los rechazos. ¡Imagíneselo, nuestros tres hijos ni siquiera existirían!

En lugar de eso, cuando la carta de Stephen llegó como si surgiera de la nada y me enteré a través del personal del *Jewish Advocate* que «alguien» les había telefoneado pidiendo que mi anuncio volviera a salir concretamente en el fin de semana de la fiesta del trabajo —el fin de semana en que Stephen vió el periódico— yo vi en ello la mano de Dios. No había nadie que no fuera yo que pudiera haber telefoneado con esa solicitud, y yo no había sido. Así que, ¿quién fue?

Desde nuestra primera salida presté mucha atención a Stephen, a pesar de mis reservas respecto a lo que para mí eran cosas no deseadas, y al cabo de unos meses ya estábamos comprometidos. ¡Eso fue hace siete años y tres hijos! No siempre ha sido fácil, pero creo que nuestra relación fue debida a la inspiración divina de un par de casamenteros en el cielo que fueron los que lo organizaron todo.

Bloqueador de la suerte: ignorar un desafío a sus rígidas exigencias

Nuestra historia de amor es un ejemplo sensacional de la manera en que creamos nuestra propia suerte. Todos tenemos nuestros criterios de lo que necesitamos y queremos en la vida, de lo que aceptaremos y de lo que no. Establecer estos límites y estas preferencias es esencial para dirigirnos hacia los objetivos de nuestra vida. Pero la rigidez y la arrogancia también pueden impedir que se produzca la buena suerte.

¿Qué hubiera pasado si yo hubiera ignorado esta fenomenal coincidencia y me hubiera dicho a mí misma: «No me voy a casar jamás con un tipo que tiene dos hijos y cuya casa es "kosher" (los alimentos son puros de acuerdo con la religión judaica), así que por qué voy a molestarme en salir con él?». Me alegro de haber seguido adelante a pesar de mis reservas.

A veces somos tan tozudos respecto a lo que pensamos que necesitamos y queremos, que se necesita toda una legión de ángeles para diseñar alguna especie de suceso raro sólo para hacernos pensar en alguna otra posibilidad. Entonces es cuando entra en juego el libre albedrío. Los ángeles pueden preparar la fiesta, pero usted sigue teniendo que decidir si va a asistir a ella.

> *La nuestra es una cultura que nos anima a creer que somos —o que deberíamos ser— los autores de nuestras historias. Cuando los acontecimientos externos reflejan de una manera tan precisa nuestro propio estado interior que el impacto de la coincidencia no puede ser ignorado o negada su importancia, y al mismo tiempo nuestra falta de control sobre los acontecimientos no puede negarse, nos enfrentamos a la pregunta: ¿si yo no soy el autor de mi historia, quién lo es?*

de *THERE ARE NO ACCIDENTS*, de ROBERT HOPCKE

¿Por qué hay personas que ignoran incluso las coincidencias significativas y las sincronicidades más fenomenales? Habitualmente, se trata del ego y lo que le acompaña. Me deleita descubrir que mi vida tiene una guía divina y que no siempre soy yo quien dirige el espectáculo. No hay nada que me haga sentir más feliz y que me tranquilice más que una coincidencia fenomenal. No todo el mundo se siente así.

Entregarse a un plan que no es el suyo significa abandonar la pretensión de que uno tiene el control completo sobre su vida. Enterarse de que la vida que estaba diseñando para sí mismo no es, de hecho, ideal para usted puede ser incómodo. Una parte suya deseará gritar: «¡no! ¡Eso no es lo que yo había pensado! ¿Me has oído, Dios?». El problema es que cuando le sucede algo sorprendente que no puede ignorar, usted no se siente nunca completamente cómodo si vuelve a seguir sus planes originales.

Cuando carecemos del valor para comportarnos como sabemos que debemos hacerlo, es frecuente que sea una coincidencia sensacional lo que nos proporciona el atrevimiento que necesitamos. Me imagino a Dios o a un ángel riendo y diciendo: «¡Vaya, ahora que ya hemos conseguido que nos prestes atención! ¿lo entiendes? ¿Ya sabes lo que se supone que debes hacer?».

Cuando sentimos que tenemos una guía divina, aún a pesar de estar asustados, es más fácil seguir adelante.

En ocasiones, la coincidencia le dirá lo que no debería hacer. Por ejemplo, digamos que está usted embalando sus pertenencias para trasladarse a vivir a otra parte del país. Usted no se ha estado sintiendo bien respecto a este traslado, pero se trata de un nuevo trabajo que le ofrece un sueldo mucho más alto. El día antes de marcharse recibe una llamada telefónica. Hace veinte años entregó a una hija en adopción y ahora ella la ha encontrado. Resulta que, por coincidencia, vive en la ciudad que está usted a punto de abandonar. Es posible que usted lo interprete como una señal de que debería usted quedarse ahí.

¿Y qué hubiera pasado si, por una coincidencia notable, ella viviera en la ciudad a la que va usted a trasladarse? Podría usted interpretarlo como una afirmación celestial de que su traslado va a ir bien. La oportunidad temporal que se encuentra tras las coincidencias es parte de lo que las hace significativas, y no el sólo hecho de que se produjeran.

Diario de la suerte: mi lista de las 10 primeras coincidencias positivas

Para incrementar su concienciación del poder de las coincidencias significativas en su vida, haga una lista de los 10 primeros encuentros, reuniones o acontecimientos por coincidencia que hayan influido positivamente en su vida. Puede volverse loco intentando colocarlos en orden de importancia o, sencillamente, puede hacer una lista. Por ejemplo, he aquí cinco de los míos:

1. Conocer a mi esposo a través de los anuncios personales.

2. Conocer a mi mentor en cuanto a la escritura en una mesa redonda de una conferencia nacional.

3. Recibir, sin previo aviso, una llamada de un vendedor de bienes raíces, una semana antes de que decidiéramos poner nuestra casa en el mercado. (Vendió nuestra casa en cinco días.)

4. Conocer al rabino Alan Ullman —un mentor espiritual— en un taller de solteros judíos.

5. Conocer al cazador de talentos que le encontró a mi esposo su trabajo soñado, cuando ambos asistían a un seminario impartido por un amigo mutuo.

Una vez que haya hecho una lista de las coincidencias de primera categoría, busque las acciones que realizó usted y que hicieron que la suerte hiciera su aparición. Estas coincidencias por sí solas no crearon la suerte sino que fue la manera en que usted respondió a ellas, lo que le trajo la suerte.

Hemos hablado de lo que sucede cuando una coincidencia le trae algo positivo en lo que usted no había pensado previamente. En el capítulo siguiente contemplaremos la manera en que se produce la creación de suerte cuando consigue algo que usted no pidió para sí mismo.

4

Responda con elasticidad y resistencia a las pruebas de la vida

Si nuestras vidas son como caleidoscopios, muchos de nosotros invertimos gran cantidad de tiempo y energía intentando crear la imagen perfecta —los colores y formas exactamente como nos gustan— y luego, queremos colocar la obra de arte resultante en un lugar de honor, y que jamás se mueva de allí. Y luego, de repente, ¡CRASH! ¡BANG! la vida acostumbra a darse de bruces con nuestra obra maestra cuidadosamente construida, sacudiéndola repentinamente, lo que da por resultado una imagen completamente diferente.

SUE PATTON THOELE

Creador de suerte (y bloqueador potencial de suerte): Recuerde OMOC y Holanda

Hace muchos años oí una expresión que resume este capítulo en sólo cuatro palabras. ¿Sabe qué es lo que quiere decir OMOC? «¡Otra "maldita" oportunidad de crecimiento!» Cuando nos sueltan algo en nuestra vida que no queremos y que no pedimos, podemos murmurar: «¡Estupendo, otra OMOC!». Cómo nos sintamos, ingenuamente, en estos momentos, indica nuestro potencial para crear suerte.

Por otro lado, ¡estamos furiosos! OMOC no es una declaración de felicidad. No es: «¡Oh vaya!, estoy encantado de que vaya a ser capaz de sufrir y por lo tanto mejorar mi carácter. ¡Bravo!». OMOC es más parecido a: «¡Vaya por Dios! qué porquería. Precisamente, lo que me hacía falta: otra prueba de mi resistencia. ¡Qué asco!». Ésa es la parte de OMOC que *bloquea la suerte* o sea, la resistencia que ofrecemos cuando la vida no va como quisiéramos. Somos pocos los que estamos tan entregados a un plan divino que, suceda lo que suceda, nos conformamos con ello, sin desafiarlo.

El aspecto de *creación de suerte* del OMOC está implícito en las propias palabras. Incluso cuando estamos furiosos, privados de felicidad, heridos y desencantados, afirmamos que pasar por ello nos ayudará a convertirnos en unos seres humanos mejores y a aumentar nuestro crecimiento personal y espiritual.

Emily Kingsley escribió un ensayo, *Bienvenido a Holanda* que en 1999 viajó rápidamente por todo Internet. Como madre de un niño autista utilizó la metáfora de que ella y su esposo se dirigían a Italia cuando estaba embarazada, pero que cuando su hijo nació disminuido fue como aterrizar en Holanda. Ella lo dice de un modo muy elocuente:

> Toda mi vida había soñado con ir a Italia. Pero ha habido un cambio en el plan de vuelo. Aterrizamos en Holanda y allí debemos quedarnos. Lo importante es que no nos han llevado a un lugar horrible, sucio y repugnante, lleno de pestilencia, hambre y enfermedad. Sólo se trata de un lugar diferente.

Crear suerte cuando se enfrente usted con la adversidad es como establecer su hogar en Holanda, aún cuando usted pensaba que se dirigía a Italia. En la más ideal de las circunstancias se trata de llegar a amar a Holanda y decir, al final: «Llegar a Holanda no es lo que yo pensaba que quería, pero es lo más afortunado que me ha sucedido jamás. Porque si no hubiera aterrizado en Holanda, eso, y eso, y eso no hubiera sucedido.»

Incluso si resulta que *amar* Holanda es difícil y sigue deseando haber aterrizado en Italia como había planeado, la creación de suerte implica sacar el mayor partido del lugar en que se encuentre.

Todas las paredes son una puerta.

RALPH WALDO EMERSON

Creador de suerte: piense a toda velocidad

Es sabido que en su vida van a producirse «equivocaciones». La gente falla y estropea las cosas. Si va por la vida esperando que todo el mundo coopere siempre con su programación, haga lo que le dijeron que harían y cumplan sus compromisos con usted, se sentirá frustrado y confuso cuando no resulte ser así.

Las personas que son creadoras de suerte son expertas fabricantes de limonada. Pasan poco tiempo, puede que solo minutos, estando enfadadas. En vez de eso, se ponen a trabajar, inmediatamente, para obtener suerte de cualquier cambio en sus planes, e incluso puede que se digan que es posible que eso es lo que Dios les reservaba.

> *Tener resistencia no quiere decir devolver, siempre, el golpe. Significa aceptar lo que es, en lugar de exigir que las cosas sean diferentes.*
>
> RICHARD CARLSON

Crear suerte partiendo de una experiencia deprimente y no planificada significa que usted no permite que eso le impida estar disponible para futuras oportunidades de «subir.» Por ejemplo, una mañana abrí mi buzón de e-mail y me encontré con la temida palabra «anulación.» Había estado negociando con una empresa japonesa respecto a un boletín que un caballero quería que yo produjera para una empresa cliente. Estábamos hablando de muchísimo dinero por un trabajo divertido y yo estaba muy emocionada con ello. Estábamos a punto de empezar, yo estaba diseñando el primer número y esperando que me enviaran el contrato por correo. Su e-mail me daba las malas noticias: una cierta inquietud política en su país había hecho que el gran jefe de su empresa cliente cambiara, de repente, de estrategia y el trato se había anulado.

No había nada que pudiera hacer al respecto. En este caso, crear suerte significaba hacer siete cosas:

1. *Sacar el máximo partido.* Yo podía haber enviado a ese tipo un mensaje muy feo, quejándome de la cantidad de tiempo y esfuerzo que había dedicado al proyecto, pero lo que había sucedido estaba fuera de su control. En vez de eso le vi como a un futuro cliente potencial, ¿quién sabía qué nueva aventura podía presentarse? Así que fui amable y le hice

saber que en el futuro estaría de lo más interesada en un proyecto diferente.

2. *Mantener la perspectiva.* No permití que me afectara. Se trataba únicamente de un proyecto y de algo de dinero. No se había muerto nadie y mis hijos estaban sanos, así que tampoco era tan malo.

3. *No permitir que eso me deprimiera por mucho tiempo.* Despotriqué en voz alta ante mi ordenador durante unos 30 segundos y me compadecí a mí misma durante unos 10 minutos. Luego me puse a trabajar porque necesitaba reemplazar los ingresos que esperaba recibir por ese proyecto.

4. *Aprender para el futuro.* Había invertido demasiado tiempo en ese proyecto antes de estar segura de que iba a salir bien. Lo más probable es que en el futuro tratara una oportunidad como ésa de manera diferente.

5. *Enseñar a los demás lo que se ha aprendido con esto.* ¡Eso es lo que estoy haciendo ahora! Como escritora, tengo que convertir cada contratiempo en algo que me levante la moral y la manera de hacerlo es ayudar a otras personas a que no sigan mis pasos.

6. *Sacar algo nuevo de ello.* Después de recibir el mensaje de anulación empecé a pensar: «¿Es posible que otras empresas extranjeras puedan estar interesadas en esta clase de producto?». Ese día me puse en contacto con un profesional de otra empresa y empecé a hablar de algunas opciones. A pesar de que el primer cliente no lo había comprado, no había perdido el tiempo. ¡A veces un desengaño sólo le conduce a crear su próximo éxito!

7. *Ríase.* Encontré gracioso que mi pequeño proyecto hubiera sido afectado por la política del gobierno japonés. El desasosiego en el otro lado del mundo había alcanzado mi humilde morada en Estados Unidos de América.

En ocasiones le avisan de una «equivocación» y si responde usted rápidamente en lugar de desanimarse, puede convertirlo en una situación de esas en las que sólo es posible ganar.

Cathy Sucker, *www.IdeaLady.com*, es una asesora de Sugar Land, Texas (EE.UU.), que ayuda a emprendedores, asesores y a otros profesionales del conocimiento a crear negocios de éxito. Cuando se publicó su libro, *The Mistery Shopper's Manual,* me contó en una de mis listas de Internet para escritores lo que ella llamaba un «feliz accidente» que aprovechó al máximo en beneficio de todo el mundo:

Una de las maneras en que vendo libros es a través de seminarios en universidades y cosas así. Yo programé un seminario sobre el tema de la compra misteriosa para el 21 de abril, que era un martes, pero la organización patrocinadora se equivocó y dio la fecha como la del 22 de abril, miércoles, e insistió en hacerlo ese día. Todas mis notas de prensa habían salido ya con la fecha del 21.

El 21, martes, recibí una llamada de un periodista de la filial de la NBC en Houston. Quería cubrir la clase de esa noche pero yo le dije que la clase había cambiado de día, aunque me encantaría encontrarme con él en alguna parte para hacer algo sobre la compra misteriosa y pudiera tener la historia que quería. Él sugirió que encontráramos una tienda que estuviera dispuesta a dejarnos hacer una demostración de la compra misteriosa.

Le dije, inmediatamente, que Borders Books, de Stafford, nos iría bien a ambos y que estaba segura de que nos dejarían grabar allí si él mencionaba que se trataba del punto de venta exclusivo al detalle del *The Mistery Shopper's Manual*.

Hicimos el reportaje y lo pasaron en las noticias de las diez de la noche del martes. Se trataba de una historia positiva y, tal como había prometido, dijo que el único lugar en que se podía adquirir el libro era Borders, en Stafford, «justo al lado de la salida Corporate de la autopista del Sudoeste». Tal como dijo mi esposo, lo único que le faltó al periodista fue hacer un mapa de cómo llegar a la tienda.

Conclusión: conseguí una bonita historia y una buena grabación. En Borders estaban felices porque su tienda había salido en un noticiario importante. Ambos conseguimos otro buen contacto en los medios de comunicación y los teléfonos sonaron durante todo el día en Borders, vendiendo el libro.

Los accidentes felices me han ayudado a vender un montón de libros; sin embargo, si espera usted que el rayo le alcance y haga que las cosas pasen, tenga presente que yo no me quedo comiendo bombones y esperando que las cosas buenas sucedan por sí solas.

Hablo con montones de gente sobre mis libros, envío libros a periodistas y a otras personas, contacto con lugares en los que podría realizar mis seminarios y hago un montón de ellos y otras apariciones. Además, en un año, envío suficientes notas de prensa como para alfombrar todo Houston.

Cuando surge una oportunidad, trabajo muchísimo para asegurarme de que todo el mundo sale ganando.

Cathy es una fabricante de suerte. No escribió a la lista para limitarse a despotricar de lo estúpida que había sido la organización patrocinadora y de la manera en que estropearon sus planes. Tampoco desperdició el tiempo del periodista con sus quejas. Tomó el limón y lo convirtió en limonada —y aquí está la clave— sólo en unos cinco segundos.

No siempre podrá disfrutar del lujo de regodearse en el problema durante mucho tiempo y alborotarse por lo abominable del mismo. La suerte aparece en un abrir y cerrar de ojos si piensa usted con la suficiente rapidez para convertir una «equivocación» en un beneficio. Impida que las emociones negativas de ira, miedo y fariseísmo nublen su mente y bloqueen toda su capacidad para sacar el mejor partido de una situación difícil. Más tarde podrá hacer pucheros y enfurruñarse.

Ponga una sonrisa en su cara, créase que puede convertir esta situación en una ventaja para usted y para los demás y no se rinda hasta que encuentre la manera de hacerlo. Piense en la historia de creación de suerte que explicará más adelante, después de haberlo conseguido. Esta clase de actitud necesita práctica pero en cuanto la perfeccione, jamás volverá a permitir que unas equivocaciones enojosas la destrocen. Diviértase con ello. Es mucho más satisfactorio sacar algo sobresaliente de un sombrero que hacer que lo creen para usted.

Cuando la oportunidad llama a la puerta, no sabe que usted ha tenido un mal día. Recíbala con una sonrisa.

JIM BLASINGAME

Diario de la suerte: ¿cuándo y cómo he sido un fabricante de limonada?

¿Cuál es la historia de los accidentes felices que se han producido en su vida? Cuando cuenta estas historias a otras personas ¿se queja de lo que perdió, o se deleita con lo que ganó de manera inesperada? La creación de suerte empieza por la manera en que usted percibe la suerte en su mente.

Anote entre 5-10 contratiempos que haya experimentado y la manera en que sacó suerte de ellos.

Cuando _____ sucedió, no me entusiasmó nada. Pero, inmediatamente _____ y el resultado encantador fue que: _____
_____

Creador de suerte: no haga asunciones respecto a la suerte

Un día, el hijo de un pobre granjero volvió a su casa con un hermoso garañón. Sus vecinos acudieron para felicitarle por su buena suerte y el granjero les preguntó: «¿Cómo sabéis que se trata de buena suerte?». Varias semanas más tarde, el caballo se escapó a la tierra de los bárbaros. Cuando los vecinos expresaron su pena, les preguntó: «¿Cómo sabéis que se trata de mala suerte?». Meses más tarde el semental regresó con un rebaño de hermosas yeguas y los vecinos volvieron a maravillarse de su buena suerte y él les preguntó: «¿Cómo sabéis que no es una catástrofe?». Efectivamente, cuando su hijo estaba domando los caballos salvajes, cayó y se rompió una pierna. Cuando los vecinos expresaron su simpatía les dijo: «¿Quién dice que sea mala suerte?». Al mes siguiente, el emperador declaró la guerra a un reino vecino y llamó a filas a todos los hombres jóvenes del pueblo. A causa de su pierna rota, su hijo no pudo ir a la guerra. Nueve de cada diez soldados no volvieron nunca de la guerra pero la vida de su hijo se salvó.

DEL HUAI NAN TZU

Una equivocación aparente o que unos planes se desmonten puede, en última instancia, ser una suerte inesperada. Una matrimonio desgraciado da por resultado un hijo y una hija muy queridos. Que a uno le despidan de un trabajo muy apreciado ofrece la oportunidad de tener una carrera mucho mejor. La lucha contra el alcoholismo hace que un ateo se acerque a Dios. El cáncer de mama y el pronóstico de una vida corta de una madre, hace que una familia enemistada vuelva a reunirse. Puede que sólo al acercarse el final de nuestra vida podamos juzgar qué experiencias han sido afortunadas o desgraciadas de verdad.

Doy gracias a Dios por mis impedimentos y desventajas, ya que a través de ellos, me he encontrado a mí mismo, a mi trabajo y a mi Dios.

HELEN KELLER

La expresión hebrea *Gam zu letovah* significa, «esto, también, es para bien». Se trata de una declaración de fe en Dios, que expresa la creencia de que incluso cuando unas circunstancias adversas se lo hagan pasar muy mal, de acuerdo con el plan de Dios, esto es para bien y que, algún día, comprenderá usted el cómo y el por qué. Se trata de una declaración muy difícil de hacer cuando uno se enfrenta a una pérdida trágica. Lo importante del *gam zu letovah* es que, incluso cuando uno no lo cree en realidad, se dice de todos modos, confiando en que la respuesta de que eso sea así, llegará más tarde. *La fe es la creencia en ausencia de pruebas.*

Las cosas no son siempre lo que parecen.

Un día me encontraba haciendo largos en la piscina de mi club cuando llegó una pareja anciana. Él temblaba con lo que parecía la enfermedad de Parkinson y no podía andar sin la ayuda de su esposa. Tardaron casi veinte minutos en conseguir desnudarle y meterle en la piscina. Yo contemplaba sus maneras pacientes y amantes y pensé para mí misma: «Qué poca suerte tiene esa mujer y qué difícil debe de ser su vida».

Estaba escribiendo su historia de mala suerte sin saber nada en absoluto de ellos. Ella tenía el papel estelar en mi película dramática sobre su vida.

Y entonces pensé que ya que, de todos modos, se trataba de una historia que yo me estaba inventando, ¿por qué no darle un final feliz? Y mientras nadaba ocupé mi cerebro en imaginar toda una variedad de guiones alternativos con finales tipo Hollywood: él estaba en coma y cerca de la muerte y, milagrosamente, después que un grupo de plegaria le estuviera velando, se despertó y se recuperó lo bastante para regresar a casa con su amante esposa de 50 años. Ella había estado planeando su funeral y ahora podía llevarle a nadar. ¡Qué milagro!

O se trataba de un alcohólico, con muy mal carácter, o sea, un desastre de marido. De algún modo, ella le soportaba pero si la gente hubiera hecho eso en su época, se hubiera divorciado de él. Luego, a él le atacó una horrible enfermedad que le incapacitó y le ablandó. Él se desprendió de su duro caparazón y volvieron a enamorarse.

O ella había sido viuda durante años y no esperaba volverse a casar. Pero cuando la hospitalizaron por complicaciones de un cáncer de mama, conoció a un caballero también enfermo que se ganó su corazón. Se casaron en el hospital y ahora viven juntos, cuidándose el uno al otro en la salud y en la enfermedad. Ninguno de ellos sabe el tiempo que le queda al otro de estar en este mundo, pero están agradecidos de poder pasar juntos sus últimos días...

Me pregunto cuál es su verdadera historia y si ellos piensan que la enfermedad e incapacitación de él es buena o mala suerte.

Esta estrategia funcionará de maravilla para hacer subir su moral respecto a la historia de su vida. Cuando todo le dé pena o tenga miedo del futuro y esté maldiciendo su mala suerte, pruebe lo siguiente: Invéntese una historia diferente sobre su vida. Escriba el guión de la manera en que lo haría Steven Spielberg. Invéntese su propio final feliz. Su vida es una película en marcha cuyo guión aún no está acabado y usted es el guionista.

Perdido perro con tres patas, ciego del ojo izquierdo, le falta la oreja derecha, tiene la cola rota y hace poco que ha sido castrado. Atiende al nombre de Afortunado.

ANÓNIMO

Diario de la suerte: ¿cómo quiero que acabe mi historia?

Piense en algo de su vida que le esté preocupando. Ahora, imagínese que está vendiendo esta película de su vida a DreamWorks, la empresa de Steven Spielberg. Tiene que entregar una sinopsis de la trama. Escriba sobre sí mismo en tercera persona y saque una película para niños de su historia. Érase una vez... Y entonces sucedió algo terrible... Pero, como era afortunada, sucedió _____ y luego esto, y luego eso y vivieron felices y comieron perdices.

A todo el mundo le gusta un final feliz. Escriba el suyo y luego materialícelo.

La vida es lo que te sucede cuando estás planeando alguna otra cosa.

JOHN LENNON

Creador de suerte: siga adelante teniendo fe

Hace varios años escribí una oración que me canto a mí misma y a mis hijos todas las noches. Dice lo siguiente:

> Dios, por favor, vela por mí hoy
> porque sólo confío y rezo por una cosa.
> Que tenga el valor de quitarme del paso
> y permitir que sea tu sabiduría la que guíe mi día.
> Que siga a mi corazón hasta donde sé que resides
> y que cuando oiga tu voz siempre la respete.
> Teniendo fe completa, renuncio a mi miedo.
> Porque sé que tú estás siempre cerca.

Dios quiere más para nosotros de lo que nos imaginamos. Es frecuente que tengamos que apartarnos y permitir que se desarrolle un plan superior para nosotros. Cuando las circunstancias nos allanan el camino para algo increíble, muchas veces en lugar de celebrarlo es como si nos arrastrara pataleando y chillando porque no es como nosotros lo hemos diseñado y todavía no comprendemos cómo va a ser posible que todo salga bien.

Al igual que en un cuento de hadas con brujas, dragones y monstruos y, por supuesto, un final feliz, todo lo que somos capaces de ver son las cosas que nos asustan. No tenemos una bola de cristal que nos diga de qué manera seremos rescatadas al final por un hermoso príncipe que nos entregará su reino.

> *Le pasamos un problema a Dios y le pedimos que se cuide de él y creemos que lo hará. Pero luego son más de cien las veces en que lo recogemos por culpa de la preocupación y la confusión. Podía oír como Dios me decía: «Déjamelo a mí». «Sí, Dios, lo haré. Pero ¿y si?... ¿Y por qué no?... ¿Y durante cuánto tiempo?».*

ROBERT C. PERKS

Si se compromete a seguir el nuevo camino al que le han obligado (a pesar de que lo haga a regañadientes), es frecuente que el universo le inunde con toda la ayuda material, coincidencias misteriosas y apoyo amistoso que usted necesita para hacer que funcione. Al final —cuando todo resulta ser tan fantástico— puede que se sienta avergonzado de no haber confiado más en Dios desde el principio.

La imaginación es la única cosa en todo el mundo sobre la que tiene usted un control absoluto. Otros pueden privarle de su riqueza material y estafarle de mil maneras, pero nadie puede privarle del control y la utilización de su imaginación.

NAPOLEÓN HILL

Actuar con fe cuando sienta ira, se sienta inseguro o inestable, es angustioso pero crea suerte. Dwan Sekel es la editora de la *Horse Daily Planner Publishing Company*, una editora de libros y *software* para el cuidado de caballos. Ella habla de una época en que su mente estaba gritando «¡imposible!» pero siguió adelante de todos modos y consiguió, exactamente, lo que necesitaba y cuando lo necesitaba:

En julio pasado, mi esposo, un marine de Estados Unidos, recibió inesperadamente órdenes de trasladarse a Twin Falls, en Idaho. En ese momento estábamos viviendo en Camp LeJeune, en Carolina del Norte. Habíamos estado redecorando la casa en la que vivíamos y toda nuestra familia se sentía muy bien allí. También era un entorno sensacional para nuestros dos caballos. No parecía posible que pudiéramos vender la casa antes de que los chicos empezaran la escuela en agosto y además, yo tenía ese trabajo, realmente estupendo, como programadora de simuladores de vuelo. No quería poner la casa en venta porque no quería trasladarme.

Estaba angustiada de verdad pensando en que iba a estar separada de mi esposo y sin el apoyo físico que él podía prestarme para educar a dos adolescentes difíciles y también preocupada por lo que sucedería con los caballos, si nos trasladábamos. Además, yo adoraba mi trabajo. Pero seguí volviendo al hecho de que las cosas no parecerían estar bien si no me trasladaba junto con mi esposo. Durante toda mi vida he intentado obligar a que las cosas fueran de la manera que yo quería que fueran en lugar de confiar en Dios. Y cada vez que hago eso, las cosas no salen bien.

Así que a finales de julio puse la casa en venta y lo dejé todo en manos del Señor. La casa no se vendió y a la semana siguiente, los chicos empezaron a ir a la escuela. El fin de semana que el agente de bienes raíces iba a venir para quitar el cartel que había colocado, unas personas llegaron en coche a la casa y la compraron inmediatamente. Dijeron que su contrato de arrendamiento se terminaba a finales de agosto y nos ofrecieron 2.000 dólares extra si podíamos dejar libre la casa en menos de una semana. Ese dinero extra me permitió comprar un remolque para los caballos así que cargué a los chicos, tres gatos, el perro y dos caballos y conduje 2.600 millas a través del país.

Cuando avisé en mi trabajo que iba a abandonarles, me preguntaron qué es lo que haría que me quedara con ellos. Yo, haciendo broma, dije: «Dejad que trabaje desde mi casa en Idaho.» Mi jefe dijo: «De acuerdo, nos parece bien porque no queremos perderte.»

No teníamos ni idea de donde íbamos a vivir o qué es lo que haríamos con los caballos. Normalmente, los militares te proporcionan casa, pero mi esposo había sido nombrado oficial a cargo de una subestación de reclutamiento en Twin Falls. No había grandes instalaciones militares cerca y la base de marines más cercana estaba en California.

El día antes de marcharnos, estaba navegando por Internet y acabé comunicando con un joven estudiante de universidad del estado de Washington. Estábamos hablando de que ambos habíamos perdido a nuestros padres. El suyo se había matado a principios de ese mismo año junto con su hermana de 16 años cuando su avión se estrelló en las montañas.

Le mencioné lo que estaba ocurriendo en nuestras vidas y bromeé respecto a encontrar un lugar para vivir en Twin Falls, Idaho. Por e-mail me hizo la pregunta: «¿Qué has dicho?». Se lo repetí y él escribió: «Yo soy de allí y nuestra casa está vacía. Tiene un establo para dos caballos y tres acres de tierra. ¿Quieres alquilarla?». Al día siguiente mi esposo fue a ver la casa y nos trasladamos a ella, inmediatamente, caballos incluidos, el mismo día que yo llegué.

Si Dawn hubiera escrito una novela con todas esas coincidencias, un crítico podría haberla acusado de ir demasiado lejos para conseguir un final feliz. ¿Cuáles son las probabilidades de encontrar a un estudiante en Internet que acabara de perder a toda su familia en un accidente de aviación, y que resultara que tenía una casa para alquilar en Twin Falls, Idaho?

¡Imposible! Una historia completamente increíble pero cierta. Y ésa es la cuestión. Dios, el universo, o sea, lo que sea en que usted cree escribe, a menudo, una historia que es mucho más increíble que la que usted mismo escribiría. Pero para recibir el reino al final de la historia tiene que estar dispuesto a renunciar al papel que usted se había escrito y aceptar el que se le ofrece. ¡Y hacer eso es difícil!

¿Qué es lo que le da el valor de seguir adelante basándose en la fe? Tres cosas muy importantes:

1. Su experiencia le ha demostrado que cuando lo ha hecho así en el pasado, le ha salido bien. O, como Dwan dijo, el reconocimiento de que cuando no ha sido tan flexible, no le ha salido tan bien.

2. El compromiso con lo que le retiene: su matrimonio, sus hijos, el trabajo, cualquier cosa que usted no quiere abandonar, suceda lo que suceda. La devoción de Dawn por su esposo, sus hijos y su trabajo la arraigan, incluso cuando estaba siendo desarraigada.

3. La confianza en que incluso si aún no le han revelado el cómo, si que lo han hecho con el porqué, y por lo tanto debe dar el primer paso. En cuanto lo haya dado, los detalles se solucionarán.

Destructor de la suerte: ¡muéstrame primero el cómo!

Cuando se nos saca de lo familiar y nuestra intuición o las circunstancias nos empujan hacia lo desconocido, exigimos saber cómo va a funcionar todo, antes de que estemos dispuestos a salir por la puerta. Es como si estuviéramos diciendo: «Bien, vale, ya sé que debería hacer este movimiento (abandonar mi trabajo, trasladar mi residencia, casarme, divorciarme, adoptar un bebé, y demás), pero no veo cómo va a salir. Muéstramelo primero y yo daré, luego, los pasos necesarios para que las cosas se pongan en marcha.»

¡No, no, no, no, no! No es así como les funciona a los creadores de suerte.

Primero hay que concentrarse en el porqué. ¿Por qué? Porque tengo que estar con mi esposo. ¿Por qué? Porque mi salud lo exige. ¿Por qué? Porque siento dentro de mí que esto es lo que se supone que debo hacer con mi vida. ¿Por qué? Porque un niño me necesita. ¿Por qué? Porque me he comprometido. O cualquier otra cosa que sea su «por qué».

Una vez que sepa el motivo de que deba avanzar en una dirección concreta y se comprometa a moverse en esa dirección, fíjese en lo rápidamente que el cómo recibe su respuesta. El universo retiene los recursos que pone a su disposición hasta que se compromete usted a estar preparado para recibirlos. Es posible que el cómo no se le revele jamás, hasta que usted diga: «De acuerdo, lo haré.»

Bloqueador de la suerte: envidia

La envidia corroe su alma. Hace que se sienta enfadado, desagradecido y absorto en sí mismo. Cuando se concentra usted demasiado en lo mucho que tiene otra persona y lo poco que tiene usted en comparación, su mente está repleta de escasez y está usted pensando: «No soy bastante», o «No tengo suficiente» o «Fulano y zutano no se merecen tener tanto».

La envidia hace que le sea más difícil sentirse genuinamente feliz por otra persona, lo que hace que sea un reto aún mayor el crear una red abundante y amante de gente y de recursos que estén a su disposición cuando usted los necesite. Es frecuente que la suerte se presente cuando se une usted a otra persona. La envidia estrecha su mundo y hace que sea usted malintencionado y picajoso, y a la gente no le gusta estar al lado de personas así. La envidia hace que sea menos probable que usted dé nada porque se siente carente de todo y empobrecido.

He aquí una manera muy sencilla y potente de eliminar la envidia de su vida. Hace más o menos un año lo ideé para mí y, desde entonces, la envidia no ha podido conmigo.

Cuando envidiamos algo de alguien, estamos codiciando una porción muy pequeña de su vida y deseando poder tenerla. ¿Qué pasaría si pudiera hacerlo pero no pudiera tomar únicamente lo que usted envidia? También tendría que tomar todo el dolor y el sufrimiento de esa persona. ¿Seguiría queriéndolo?

Conozco a una mujer que tiene más dinero del que podrá gastar en toda su vida. Cuando visité su casa (que parece un palacio) me puse verde de envidia. Pero es estéril y jamás podrá tener hijos y ahora está luchando contra el cáncer. Ella daría su dinero a cambio de mi salud y de mis hijos sin dudarlo ni un solo instante. Cuando recuerdo eso ya no le envidio ni su dinero ni su hermosa casa.

Y qué pasaría si pudiera tener algo que usted le envidia a otra persona, pero tuviera que seguir esta regla:si consigue algo de valor que envidia en otra persona, tiene que darle algo que usted atesore y que esa persona le envidie a usted. En otras palabras, tendría que hacer un intercambio. Puede tener aquello por lo que se le hace la boca agua (abracadabra y es suyo) pero tiene que dar algo a cambio. ¿Lo haría? Lo dudo.

La envidia es una emoción infantil. Una vez que sea adulto ya puede abandonarla. Sea quien sea y sea cual sea la clase de vida que haya creado para sí, alguien tendrá menos y más que usted. Es mejor que piense de nuevo en la manera de incrementar al máximo los dones que ya se le han concedido y que los comparta con gente necesitada.

Creador de suerte: convierta el rechazo en determinación

Lentamente, volví a salir a la superficie como cuando uno se zambulle en aguas profundas. Dejé gradualmente de preguntarme: «¿Qué vida tengo?» y empecé a pensar: «Qué vida puedo construir?».

CHRISTOPHER REEVE

Puede que no haya un ejemplo más grande de un hombre al que le dieron unas cartas asquerosas y se alzó para crear suerte partiendo de eso, que Christopher Reeve, ex Superman y hombre extraordinario, cuya vida cambió para siempre por culpa de un accidente de equitación que le convirtió en tetrapléjico en 1995.

Una investigación fascinante sobre la felicidad revela que las personas son, en realidad, casi tan felices como se obligan a ser, sin importar para nada sus experiencias externas. El ochenta por ciento de todos los que han ganado a la lotería informan de un incremento en su felicidad después de ganar el dinero y, luego, de una vuelta a su nivel general de satisfacción con respecto a la vida, alrededor de un año o dos más tarde. El mismo porcentaje de tetrapléjicos, después de superar su pérdida emocional, vuelven a su anterior estado de felicidad de antes del accidente. ¿No es sorprendente?

Christopher Reeve debe haber sido un creador de suerte, incluso antes de que experimentara lo que la mayoría consideraríamos la peor de las suertes. Desde su accidente, Reeve ha dirigido su primera película, *In the Gloaming* (nominada para un premio al mejor director), ha hecho de protagonista en una película, conseguido millones de dólares para la investigación de la médula espinal y escrito su primer libro, su autobiografía *Still Me*.

Su autobiografía podría llevar el subtítulo de «Cómo crear suerte partiendo de la tragedia». Reeve es honesto respecto a las dificultades de su transición de un atleta fuerte y sano a un tetrapléjico. No es un hombre que haya recibido a la adversidad con una sonrisa.

El título de su autobiografía, *Still Me* («Todavía soy yo») surgió de un momento de desesperación en que estuvo pensado en suicidarse y su amante esposa, Dana, le aseguró que, a pesar de que su cuerpo ya no funcionaba, él «seguía siendo Christopher Reeve», el hombre al que amaba. Esto fue para él un momento crucial para que aceptara su enfermedad, pero todavía le quedaba por realizar una lenta escalada desde la desesperación hasta llegar a la determinación de sacar el máximo partido de su vida, con las habilidades que le quedaban.

No ha eliminado la sensación de envidia de su repertorio emocional y escribe contando lo furioso que se siente en ocasiones, cuando ve a alguien que sube un tramo de escaleras sin pensar. Pero no permite que eso le supere durante más de unos segundos, porque sabe que la envidia le lleva por un camino de desesperación.

Si alguien le hubiera dicho: «Puedes subir las escaleras corriendo como ese hombre al que envidias, pero si lo haces, tienes que aceptar el resto de su vida, lo que incluye alcoholismo, una esposa que le abandonó por otro hombre y dos hijos que no le han dirigido la palabra en años», me pregunto si Chris le envidiaría. Es posible que sea ese hombre el que le envidie. Un hombre que tiene una esposa amante y devota, tres hijos sanos y comunicativos y un trabajo que le proporciona muchas recompensas. Nadie envidia la tetraplegia de Reeve, pero eso no es todo lo que él es.

La manera en que nos describimos la adversidad a nosotros mismos y a los demás, determina como nos sentimos al respecto. Si decimos: «Esto es un desastre. No puedo vivir así. La vida no vale la pena de ser vivida», el dolor que estemos experimentado se multiplicará. Para crear suerte, tenemos que condolernos de nuestras pérdidas y luego aceptar lo que haya sucedido, por difícil que pueda ser en algunos casos. La aceptación no significa que se esté de acuerdo con ello. Significa que se comprende que si sigue uno oponiéndose a lo que no puede cambiar, su suerte se volverá peor en lugar de mejorar. Si se vuelve usted insensible al dolor, también bloqueará la alegría que tiene a su disposición en otras fuentes. *La aceptación quiere decir seguir adelante.*

Para ayudarnos a aceptar lo inaceptable, podemos visualizar la vida como un tapiz inmenso y magnífico. Si mantenemos la nariz contra la sección de «ahora» del dibujo, no podemos ver el conjunto —y en ocasiones ni siquiera esa parte— claramente. Cuando sucede algo que pensamos que es inaceptable, podemos ver de qué manera encaja en el patrón de nuestra vida y confiar en que, cuando nos retiremos un poco y veamos el conjunto, esta situación aportará algo, de algún modo, a nuestro crecimiento y realzará la belleza de todo el tapiz.

SUE PATTON THOELE

Incluso los hombres y mujeres más desesperados pueden ser envidiados por otra persona a causa de las bendiciones que quedan en sus vidas. Lo que unos definimos como pobreza, es riqueza en algún otro lugar del mundo. Vea sus bendiciones de la misma manera en que lo harían aquellos que le envidian.

La lección más conmovedora de Reeve es que, a veces, salimos del foso en que nos encontramos y empezamos a crearnos una vida nueva y positiva porque amamos a otra persona. La creación de la suerte puede empezar por un acto altruista. Él nos enseña:

El modo de salir de ello es por medio de nuestras relaciones. Hay que concentrarse más en lo que necesita su pequeño o sus hijos adolescentes, o en lo que necesitan las demás personas que están en torno suyo. Es muy difícil de hacer y, a menudo, uno tiene que obligarse a hacerlo. A veces, cuando en realidad quiero tomar, tengo que dar y todo esto exige un esfuerzo de mi parte porque sigue siendo muy difícil aceptar el giro que ha dado mi vida y sólo por culpa de un momento desafortunado.

Me limito la cantidad de tiempo que me permito sentir pena de mí mismo. Justo ahora es entre las seis y las ocho de la mañana. A las ocho en punto, Will entra y me da un gran beso y un abrazo y yo pienso, no quiero que se vaya a la escuela preocupado por su padre. Quiero que él se sienta libre y feliz.

La motivación para superar las circunstancias adversas puede surgir de una devoción que siente por otra persona y que necesita que salga usted de su depresión y siga avanzando. Conozco a una mujer que se quedó sola con dos niños pequeños cuando, de repente, su esposo cayó muerto con un ataque al corazón. En los días en que la pena la abrumaba y no tenía ganas ni de levantarse de la cama, ella lo hacía porque sus hijos la necesitaban.

Si las cosas no marchan del modo en que usted desearía que fueran, desee que vayan del modo en que van.

RABINO MORDECHAI OF LECHIVITZ

Bloqueador de la suerte: PPED

Sé que padece usted la misma enfermedad mental que yo. La llamo PPED. He aquí una ilustración de la manera en que actúa:

Ayer recibí un e-mail de un editor de uno de mis libros, que cuestionaba un acuerdo que tenemos para el libro que he escrito para ellos. No me anunciaban un cambio definitivo sino que sólo me hacían una pregunta que debía ser satisfecha o *puede* que exigieran un cambio. Lo que estaban sugiriendo que podía suceder era muy problemático para mí. Cualquier autor sabe el poder que tiene un editor para apartar las decisiones de las manos del autor y por lo tanto, incluso la posibilidad de que *pudieran* volver a evaluar nuestro acuerdo era suficiente para colocarme en un intenso estado de ansiedad. Mi mente se llenó inmediatamente de «Y sí» y PPEDes.

PPED es sinónimo de «Preparándose para el desastre». Desde que ayer llegó ese e-mail he tenido —en mi cabeza— numerosas conversaciones ficticias con mi editor, preparándome para todos los resultados posibles, todos desastrosos. Me he imaginado lo que me dirán y he preparado unos argumentos elocuentes sobre el motivo de que eso no va a funcionar. En mi mente, he escrito los e-mails que espero que me enviarán y mis respuestas muy bien pensadas pero apasionadas. He debatido, argumentado, suplicado e incluso les he dejado plantados. Y ellos no han estado presentes ni por un sólo momento. Sólo se trataba de un drama en mi cabeza.

El noventa y ocho por ciento de lo que nos preocupa no sucede jamás. Desperdicié unos minutos preciosos de energía mental, emocional y espiritual en una situación que lo más probable es que no se produzca nunca cuando podía, en cambio, haber estado creando suerte. Los PPED son uno de los bloqueadores de la suerte más insidiosos y perjudiciales en su vida. Harán que se sienta, constantemente, exhausto, haciendo que se enfrente a unas crisis futuras posibles que jamás se producen, en lugar de echar mano de sus recursos para poner de manifiesto lo que usted quiere.

He aquí lo que puede hacer al respecto:

Creador de suerte: PPS

> *Dios, ayúdame a recordar que hoy no va a sucederme nada que tú y yo no podamos manejar juntos.*

ANÓNIMO

Desde que le puse nombre a este comportamiento mío y me fijé en el daño que hace a mi energía positiva, me dedico a atacarlo de frente con una estrategia muy sencilla: cuando me descubro comportándome así (¡en ocasiones varias veces al día!) me digo a mí misma «PPS», a fin de hacer que me enfrente a la realidad de que estoy desperdiciando mi tiempo preparándome para un desastre que lo más probable es que jamás se produzca.

Luego, me digo a mí misma, PPS, o sea, «Prepárate para solucionarlo» y entonces, en lugar de visualizar una de entre varias de las peores situaciones posibles, me imagino una escena alternativa en que el conflicto se soluciona pacíficamente. Pongo toda mi energía en imaginar qué es lo que quiero, en lugar de preocuparme y visualizarlo negativamente.

En última instancia, espero que cuando surja un conflicto potencial yo empiece a hacer PPS en lugar de, como de costumbre, comportarme primero en modo PPED y luego, tener que sacar mi mente a empujones de ese lugar. Para destruir años de estar rumiando sobre desastres imaginados se necesita mucha práctica.

Diario de la suerte: utilizar la preocupación en mi provecho

Robin Silverman, autor de *The Ten Gifts*, asesora a personas que quieren dejar de concentrarse en lo que no quieren para concentrarse en lo que hacen. Robin ofrece las sugerencias siguientes para volver a entrenar su mente, alejándola de esta fea costumbre que destruye la suerte.

Es normal y natural que nos preocupemos. Biológicamente, estamos diseñados para escaparnos de los dinosaurios. A pesar de que no hay muchas razones para seguir haciendo eso, el instinto de supervivencia permanece en nosotros y ha evolucionado convirtiéndose en una preocupación apasionada. En otra palabras, nos escapamos mentalmente de lo que creemos que puede hacernos daño. Cuando se trata de crear su propia suerte eso es, de hecho, una cosa maravillosa. La mayor parte del tiempo, estamos dispuestos a conformarnos con que las cosas vayan más o menos bien. Estamos acostumbrados, la mayor parte del tiempo, a sentirnos un poco frustrados y desencantados y, en realidad, no nos molesta lo suficiente para hacer algo al respecto. Así que, cuando una preocupación, realmente enorme y jugosa, irrumpe en nuestros cerebros no es nada desastroso, es un regalo.

Lo primero que hay que hacer es sentarse y preocuparse a propósito. Ponga un despertador para un período de quince minutos y, durante ese tiempo, no haga absolutamente otra cosa que inquietarse y enojarse y sentirse aterrorizado por lo que usted se imagina que puede llegar a suceder. Cómo evitar el dolor a toda costa también es un instinto humano, no pasará mucho tiempo antes de que ya haya tenido usted bastante de esto. De hecho, lo más probable es que no aguante mucho más allá de los primeros cinco minutos. (Sin embargo, si descubre que después de los quince minutos no puede dejar de preocuparse, busque ayuda médica porque es posible que esté usted deprimido.)

Luego utilice esta frase que cambiará, instantáneamente su vida —y su suerte— para mejor. «¡Gracias Dios mío por mostrarme lo que yo, absoluta y positivamente, no quiero!» El don de una gran dosis de negatividad es que nos ayuda a traspasar la niebla de «todo está bien» y hace que veamos con claridad que necesitamos cambiar algo para mejorar.

Luego dedique otros quince minutos a empezar a imaginarse lo que quiere usted en lugar de eso. Pregúntese: «¿Qué es lo mejor que puede suceder?». Después de cada frase, escriba: «Y entonces...» haciendo que cada resultado deseado sea mejor que el anterior. A menudo, esto durará más de quince minutos porque al igual que estamos preparados, biológicamente, para evitar el dolor, también lo estamos para ir detrás del placer.

Por último, lea en voz alta lo que haya escrito, ya que abrirá el camino para que piense y hable de las acciones que emprenderá para tener esta experiencia nueva y mejor. Se trata de algo muy relajante, lo que, automáticamente, hace que sea usted más atractivo para situaciones excitantes y creativas.

Creador de la suerte: reduzca al mínimo la cantidad de tiempo que está usted en crisis

Respondemos a los acontecimientos importantes de la vida estando a la altura de la ocasión, recurriendo a nuestra fuerza interior y pasando por lo que la vida tiene que ofrecernos, sea lo que sea. Rezamos, pedimos ayuda, somos altamente creativos y exhibimos una resistencia y un aguante enormes. Sin embargo, las mismas personas que pasan por todo eso de alguna manera, es frecuente que se vean abrumadas por todas las «pequeñas cosas» diarias que forman parte de la vida de todos. Nos vemos obligados a luchar mucho más con las pequeñas cosas que con las grandes.

RICHARD CARLSON

Si consigue usted una medalla de oro olímpica por la forma en que se enfrenta usted a la adversidad, ¡estupendo! Pero si sus paredes están repletas de ellas y se ha vuelto adicto, en secreto, a la ráfaga de adrenalina que le proporciona el sobrevivir a una catástrofe más, es que está gastando toda su energía luchando contra incendios destructivos en lugar de cuidar y atender al fuego apasionado de la creación de suerte que tiene en su interior.

Las personas afortunadas solucionan, estupendamente, los problemas y eso da significado y propósito a su vida. ¿Preferiría estar vivo pero en coma e incapaz de ser responsable de la solución de cualquier problema de su vida? Bendiga y disfrute los pequeños desafíos diarios que exigen su respuesta creativa de solución de problemas.

En una ocasión, un rabino me enseñó la manera de bendecir lo que él llamaba «días molestos». Dígase: «Tengo tanta suerte que todo esto me irrita, porque si me enfrentara a algo que amenazara mi vida o que fuera trágico, nada de esto tendría importancia.»

Creador de suerte: adopte una actitud agradecida

No le pediré que exprese gratitud por todos los aspectos de cualquier desengaño, enojo o desastre al que se esté enfrentando. Pero ¿no podría encontrar algo en ello por lo que estar agradecido? La gratitud y una actitud optimista son requisitos previos para una vida afortunada. Exprímalas de sus circunstancias actuales de la manera que le sea posible.

Diario de la suerte: ¿de qué puedo estar agradecido, no a pesar de esta adversidad sino a causa de ella?

Anote diez cosas por las que da usted gracias, respecto a una experiencia difícil que tiene en la actualidad. Por ejemplo:

1. Doy gracias a Dios por la inteligencia, fuerza y valor que me han ayudado a sobrevivir a esta prueba tan severa.

2. Doy gracias a Dios de que no fuera peor de lo que fue.

3. Estoy agradecido por mi optimismo continuo que me da esperanza.

4. Estoy agradecido por el derroche de amor y apoyo de mis amigos, familiares y comunidad.

5. Estoy agradecido porque esta experiencia difícil me ha acercado más a mi esposa, en lugar de deshacer mi matrimonio.

6. Estoy agradecido por la manera en que esta adversidad me ha ayudado a librarme de las cosas pequeñas que en realidad no tienen importancia.

7. Estoy agradecido por la mayor empatía que me proporciona hacia otras personas que están sufriendo.

8. Estoy agradecido por la manera en que esto me ha hecho luchar como un loco y me ha dado energía para cambiar mi vida.

9. Estoy agradecido de que ésta sea la primera y única vez en la vida en que he experimentado algo tan terrible.

10. Estoy agradecido de que el sol salga y se ponga cada día, incluso cuando yo tengo un día malo.

Cuando una puerta se cierra, otra se abre. Pero a menudo nos quedamos mirando tanto tiempo y con tanto pesar a la puerta cerrada que no nos fijamos en la que se ha abierto para nosotros.

HELEN KELLER

Pasemos ahora al capítulo 5, «Sáquese a sí mismo y a los demás del atolladero», para aprender la manera de aligerar las presiones que hacemos sobre nosotros mismos y otras personas. Una carga más ligera hace que llevar la suerte sea más fácil.

5

Sáquese a sí mismo
y a los demás del atolladero

*Acabe cada día y déjelo correr. Ha hecho usted lo que ha podido. No hay
duda de que se colaron en él algunos desaciertos y cosas o situaciones
absurdas, pero olvídelas tan pronto como le sea posible. Mañana es un
nuevo día, empiécelo bien y con serenidad y con una moral tan alta que
no pueda verse afectada por sus viejas tonterías.*

RALPH WALDO EMERSON

Bloqueador y destructor de la suerte: molerse a palos

Sacar el látigo y molerse a palos sin descanso por culpa de alguna debilidad percibida —o real— hará muy poco para mejorar su autoestima, su impulso, su motivación, o su potencial de creación de suerte.

Es posible que usted crea que es como espolear a un caballo para que se
ponga en movimiento, pero es probable que cause el efecto opuesto. El caballo va a empezar a pensar: «¿Por qué tengo que molestarme en ir a alguna
parte? Nunca es bastante y, de todos modos, siempre pierdo la carrera y lo
que sucede es que no puedo competir con esos hermosos caballos. !Lo mejor que puedo hacer es sentarme y no moverme!».

Cuando uno se siente, realmente, mal consigo mismo, se deprime y se
desespera. La depresión conduce a la inacción, que es la que impide que las
cosas buenas entren en su vida. Las cosas buenas aparecen cuando usted realiza ciertas acciones para crear suerte.

Creador de suerte: háblese como si fuera un niño pequeño

Aún no he encontrado a un perfeccionista absoluto cuya vida estuviera lleva de paz interior.

RICHARD CARLSON

Digamos que hace usted algo estúpido de verdad. Inmediatamente, su mente empieza a castigarle con un lenguaje tan terrible que si se dirigiera, públicamente, a un hijo suyo de ese modo, le detendrían por abusar de él. Le costará mucho más tiempo solucionar cualquier desastre que haya creado porque toda su atención está atrapada en la zurra que se está dando a sí mismo. He aquí otra manera de hacerlo.

Mientras escribía este libro, hice un verdadero estropicio, literalmente hablando. Estaba apresurándome para preparar la cena y, para calmar a un bebé gruñón, alargué el brazo para sacar del armario lo que él quería. Sin darme cuenta volqué toda una jarra de miel que fue a estrellarse contra el mostrador, salpicó de cristales el estofado que había preparado para cenar y, acabó contra el suelo de la cocina, que quedó repleto de pedacitos de cristal y de un montón de miel pegajosa.

Me puse como loca. Qué cosa más estúpida de hacer y qué problema. ¿Cómo puede recogerse el cristal cuando está mezclado con miel y cómo se recoge la miel cuando está llena de cristales? La cena estaba completamente arruinada. Mi frugal esposo, que se encoge ante el pensamiento de desperdiciar un bocado de comida, iba a llegar a casa pronto y yo sabía que quedaría consternado, por decirlo amablemente. Y a todo esto, tenía a tres niños pequeños que pensaban que esto era algo realmente sensacional, dando vueltas por la cocina.

En unos 30 segundos conseguí reunir las fuerzas suficientes para no desmayarme. Lo primero, primero. Seguridad, hice salir a los niños del área para que no se cortaran con los cristales y luego empecé a hablarme de la misma manera en que consolaría a una niña pequeña que piensa que ha hecho algo por lo que la castigarán para toda su vida:

1. «Bueno después de todo y a pesar de que ahora lo parece, no es tan grave. Sólo se trata de una jarra de miel rota. Podemos hacerlo, no te preocupes. Te perdono.» (En lugar de: «Estúpida, ¿cómo puedes ser tan boba?».)

2. «Ahora vayamos por partes. Lo primero que tenemos que hacer es reco-ger los pedazos más grandes de cristal y ponerlos en una bolsa de basu-ra. Luego ya veremos lo que hacemos con las astillas de cristal. Podemos hacerlo de uno en uno.» (En lugar de decir: «Es imposible. ¡Jamás con-seguiremos limpiarlo!».)

3. «¡Realmente, ha sido una completa tontería y confío no volverlo a ha-cer nunca! La próxima vez que intente sacar algo del armario tendré más cuidado. Además ¡creo que será mejor que ponga la jarra de miel en otra parte! (En lugar de: «¿Por qué me hiciste intentar darte eso cuando yo estaba tan ocupada? ¡Ha sido todo culpa tuya!», lo que significa que ab-dica de su responsabilidad.)

Respiré, profundamente, y como dejar que mi esposo limpiara el lío de la miel no era una alternativa sensacional, hice el trabajo, poco a poco. Incluso llegué a encontrarlo divertido. En realidad, y con tres niños pequeños en casa, ¡era el peor estropicio que había visto nunca y eso era todo un logro!

Cuando mi esposo preguntó por qué sus zapatos se pegaban al suelo de la cocina, le dije: «Bueno querido, hoy he hecho la cosa más tonta que se pue-de hacer y lo siento, pero eso ha hecho que el suelo esté algo pegajoso.» Yo quería tener su simpatía y contarle que había sido la experiencia más horro-rosa que había tenido en toda mi vida, pero no conseguiría otra cosa que po-nerle también nervioso. Y sólo se trataba de una jarra de miel rota y como no le di mucha importancia, tampoco lo hizo él.

Estas lecciones que aprendí también pueden aplicarse a sus propios mo-mentos de autocastigo:

1. Vigile la manera en que se habla cuando está enfadado por algo que ha hecho. Imagínese que sólo tiene cinco años. Háblese de manera que se sienta bien consigo mismo y aprenda de su equivocación. Con la prác-tica suficiente aprenderá a empezar hablándose amablemente, en lugar de maltratándose primero, y luego ya cambiará de tono y de palabras.

2. Sustituya las palabras negativas y cargadas por palabras neutrales. «Ton-to» en lugar de «estúpido». «Vaya por Dios» en lugar de «Qué terrible» y así sucesivamente. En casa hemos identificado unas cuantas palabras malas, palabras que se ha enseñado a los niños que no deben decir jamás. Si me equivoco y digo una escucho, inmediatamente, un coro de: «Ay, ay, ay. Mami ha dicho una palabra mala». Ésas son las mismas palabras que usted no ha de querer decirse.

3. Respire, profundamente, y cálmese antes de actuar o de atacarse. Incluso 15 segundos de calma es un tiempo muy largo. Hará que usted vaya más despacio y que el problema parezca más manejable.

4. Ríase siempre que pueda. Algunos de los desastres de la vida son bastante divertidos cuando se ven desde el exterior. Así que contémplelos en perspectiva.

5. Lo más probable es que usted se hable de la misma manera en que le hablaban cuando era niño. Si no quiere que sus hijos sigan con esa tradición, vigile la manera en que les habla y también cómo se habla a sí mismo.

Creador de suerte: recuerde, siempre podría ser peor

Digamos que está teniendo problemas para aplicar las lecciones anteriores. Usted piensa que es posible que funcione en el caso de algo sin importancia, como verter una jarra de miel, pero no en el caso de equivocaciones más dolorosas, como que le despidan a uno del trabajo, perder un montón de dinero cuando compra y vende acciones en Internet, o decidir cortarse el cabello siguiendo un impulso y luego odiar los resultados. ¿Qué pasa entonces? ¿Cómo se las arregla para hacer subir su autoestima a fin de poder recuperar un impulso positivo?

Bill O'Hanlon, autor de *Do One Thing Different*, nos ofrece un desafío creativo e intrigante a la aseveración: «Soy totalmente _____ (llene el espacio en blanco).» Describe la manera en que asesoró a un paciente con sobrepeso y que se quejaba de estar «totalmente fuera de control por lo que respecta a la comida». Bill le desafió preguntándole: «¿Y por qué no pesa 100 libras más?». ¡Consiguió demostrar que el paciente *sí* que tenía algo de autocontrol! Bill ayudó a este cliente a averiguar cuándo y cómo le funcionaba su autocontrol y la terapia se concentró, luego, en la manera de tener estos comportamientos antes de aumentar el peso.

Cuando se sienta realmente hundido, hágase esta pregunta: «¿De qué manera he impedido estar aún peor de lo que estoy ahora?». Eso hará que su mente regrese a un lugar de esperanza al reconocer que usted posee virtudes que puede que esté menospreciando.

Las únicas personas que no cometen equivocaciones son las personas muertas. La semana pasada vi a un hombre que no había cometido un error en cuatro mil años. Era una momia del departamento egipcio del Museo Británico.

H.L. WAYLAND

Diario de la suerte: ¿qué es lo que estoy haciendo para impedirme empeorar?

Elija tres comportamientos suyos que le gustaría cambiar.

Anote aquello que esté haciendo que cree, anime o permita que estos comportamientos negativos florezcan en su vida.

Anote las acciones positivas que esté llevando a cabo para impedirse tener estas conductas negativas con mayor frecuencia, durante más tiempo o antes, o con mayor intensidad.

Partiendo de esa concienciación, ¿qué es lo que ha descubierto respecto a sus virtudes o fuerzas?

¿De qué manera puede aumentarlas y hacerlas trabajar en su favor de una manera mucho más eficaz?

Destructor de la suerte: no ser capaz de perdonar

Cuando alguien le hace algo que realmente estropea su vida, tiene derecho a estar furioso, disgustado y a sentirse traicionado. No todo el mundo con quien se cruza usted en su vida es honorable. De vez en cuando, incluso las mejores personas pueden dar un tropezón. Los desengaños son algo normal en la vida.

Imagínese que gana un viaje para dos personas al Caribe, con todos los gastos pagados y usted no ha estado nunca allí, por lo que está entusiasmada con su buena suerte. Mientras se prepara para viajar con su esposo, descubre que le ha estado engañando en cuanto a gastar dinero; es adicto a hacer compras con tarjetas de crédito y le había prometido que dejaría de utilizarla para compras frívolas. Pero, oculta en un cajón, descubre una factura reciente de una tarjeta de crédito por la compra de 5.000 dólares de mercancías que eligió, impulsivamente, para él mismo, para usted y los niños, mientras padecía un reciente ataque de necesidad de comprar.

Puede enfrentarse a él con toda la furia que pueda reunir. «¿Cómo te has atrevido? ¡Me prometiste que no volverías a hacerlo!» Está indignada, harta y cree que tiene toda la razón. Él se disculpa, dice que algunas de las compras fueron para sorprenderla a fin de que tuviera algo de ropa nueva para el Caribe y un juego nuevo de maletas de piel. Vuelve a prometerle que intentará controlar sus gastos.

Usted no puede perdonarle. Sus gastos excesivos hacen que se sienta insegura. Se preocupa por lo que puede suceder si la deuda sigue subiendo y no le es posible pagar las facturas. No puede comprender por qué él no puede hacer algo tan sencillo por usted. Sale hacia el Caribe con las manos unidas y charlando de cosas insustanciales pero con ira en el corazón.

Al llegar allí, el cielo es de un color azul brillante, la temperatura es sensacional y la arena brilla. Es un panorama que corta la respiración y unas vacaciones que a ambos les hacían mucha falta, pero usted no es capaz de disfrutarlas. Se pone un abrigo de piel de pleno invierno; suda, su energía se disipa y a cada paso que da, parece que esté envejeciendo. Se da de bofetadas a sí misma por haberse llevado el abrigo de piel a estas vacaciones de verano y le gustaría dejarlo en su habitación del hotel, pero por mucho que lo intenta no puede quitárselo.

Así es como se sentirá cuando no sea capaz de perdonar a alguien que le haya hecho daño. Puede que le parezca que al no perdonar está usted «dándole una lección», pero lo que está haciendo, en realidad, es encerrar a su energía positiva y, por lo tanto, a su capacidad de atraer suerte a su vida y además, si lleva ira en su corazón se sentirá muy cansada.

Creador de suerte: siempre que pueda, perdone y abandone la ira

El odio hace mucho más daño al contenedor en que se almacena que al objeto sobre el que se vierte.

ANÓNIMO

Es frecuente que se encuentre con el consejo siguiente: «Perdónale, porque estar enfadado sólo te hace daño a ti.»

Perdonar es duro. Es como tragarse una medicina que sabe que le hará mejorar pero que es difícil de tragar sin asfixiarse. Cada día, cuando hago mis largos en la piscina y quiero hacer trabajar más mis brazos, dejo de utilizar mis piernas al nadar. Sigo llegando al otro lado de la piscina pero es más difícil y exige mucho más esfuerzo. Cuando soporta el peso de la culpa y la ira, puede seguir avanzando en la vida, pero la parte de usted que no está disponible para la creación de suerte hace que el resto vaya más despacio. Negarse a perdonar es como nadar sin utilizar las piernas.

1. Concédales el beneficio de la duda

Debajo incluso de la conducta más enojosa se encuentra una persona frustrada que está pidiendo compasión a gritos. Usted puede bloquear la entrada de la suerte al no darle un respiro a alguien cuando lo necesita, o al cerrarle la puerta en sus narices al próximo ángel.

RICHARD CARLSON

Cuando se oiga decir: «¿Por qué él o ella no puede sencillamente...?», dígase que si esa o esas personas pudieran haberlo hecho mejor en ese momento, lo hubiera hecho. Sin embargo, usted replica: ¡Claro que podían haberlo hecho mejor! Es fácil, todo lo que tenían que hacer era...

Eso es una trampa. Se sentirá superior pero seguirá enfadado. A menos que esa persona sea un sociópata patológico, a él o a ella no le encanta ni disfruta haciéndole daño o desengañándole. En lugar de asumir que esa conducta que le hizo daño era consciente e intencionada, fíjese en que son ineficaces, inexpertos, abrumados, descuidados y/o imperfectos, tal como le sucede a usted a veces. En lugar de colgarles la etiqueta de que su conducta es «mala», cuélgueles la de ineficaz. A pesar de que sus intenciones puede que fueran positivas, los resultados no lo fueron.

Esta lección me quedó muy clara cuando mi esposo Stephen estaba enfadado conmigo por no cuidar a su gusto de algunos detalles. En ese momento, mi mente estaba absorta en, por lo menos, otras diez cosas más y yo «hice el trabajo», pero no tan concienzudamente como a él le hubiera gustado.

Cuando verbalizó su ira y su desencanto, intenté defenderme diciendo: «Lo siento, ¡lo hice lo mejor que pude!» y él me respondió inmediatamente: «No, no lo hiciste. Si... podrías haberlo hecho muchísimo mejor.»

Por supuesto, él tenía razón. Yo podía haberlo hecho mejor. Tenía las habilidades y los recursos para ello. Pero en ese momento, no pude hacerlo mejor y atender a todo lo demás que tenía entre manos. No era como si yo hubiera estado planeando disgustarle. Mi intención positiva era seguir controlando todas las demás cosas que exigían mi atención a la vez. Lo que debía haberle dicho era: «Lo siento. Sé que soy capaz de hacerlo mejor pero, en ese momento, y dado todo lo demás que tenía entre manos, lo hice lo mejor que pude. ¿Me das un respiro, por favor? Te lo agradecería.»

Siempre que esté enfadado por la debilidad de alguna otra persona, busque alguna virtud de la que se esté abusando. Si lo mira de esa manera, le será más fácil sentir compasión. Por ejemplo, mi falta de atención a los detalles de ese proyecto fue debida a mi capacidad para hacer juegos malabares con muchas bolas al mismo tiempo. Y viceversa, me sentí frustrada por la incapacidad de mi esposo de «hacer las cosas» con tanta rapidez como a mí me gustaría. Y eso es porque él se dedica, concienzudamente, a asegurarse de que las cosas se hacen «bien».

2. Perdone a los demás de la misma manera que le gustaría que le perdonaran a usted

Cuando nadie de su entorno está a la altura es que ha llegado el momento de comprobar su vara de medir.

ANÓNIMO

Todo el mundo tiene algo irritante. Lo más probable es que tenga usted algunas costumbres destructivas que debería cambiar, comportamientos enojosos que —de verdad— acaban con la paciencia de su pareja, debilidades de carácter y defectos espirituales. Cuando se indigne por el comportamiento de otra persona, pregúntese: «¿Es así como quiero que me traten por culpa de mis imperfecciones? Mis debilidades y los errores que he cometido ¿son mucho menos perjudiciales que los suyos?».

Y luego pregúntese: «Realmente, ¿es tan importante?». Richard Carlson se convirtió en un rico autor de obras que son éxitos de venta, ayudando a las audiencias a ver el poco o ningún sentido que tiene «angustiarse por las pequeñas cosas».

Si va a subirse por las ramas porque la cajera del supermercado está cansada o es poco habilidosa y ha cometido una equivocación al teclear su pedido, tiene una posibilidad de elección. Puede usted despotricar respecto a lo, estúpidamente, incompetente que es o... puede imaginarse cómo se siente ella, intentando dominar este difícil trabajo, oyendo todo el día a clientes enfadados, preocupándose por pagar sus facturas y pensando que no es lo suficiente buena para desempeñar un puesto de un nivel tan bajo. Es posible que tenga un esposo que se esté muriendo o que haya estado levantada toda la noche, atendiendo a un niño enfermo. Puede que esté enamorada y hoy no le sea posible concentrarse. ¿No ha tenido usted días· así? ¿No puede darle un respiro?

Cuando el comportamiento de alguien me irrita, acostumbro a enfadarme y, si tengo un buen día, me calmo diciéndome: «Fíjate lo adicta que me he vuelto a querer que esta persona cambie. Dejemos que sea una ojeada en el espejo de mi problemas de control.» En ocasiones consigo abandonar mis aires de superioridad y relajarme respecto a las cosas pequeñas.

Pedirle a una persona que cambie, no tiene nada de malo. Pero si tiene que conseguir que alguien cambie para que usted sea feliz, se está buscando problemas en la vida.

KEN KEYES

3. Siéntase responsable de lo que no va bien en su vida

Siéntase responsable de su vida tal como es, en lugar de dar la culpa de su apuro a otros o a las circunstancias. A medida que sus ojos se vayan abriendo, verá que su estado de salud, de felicidad y cada circunstancia de su vida ha sido, en gran parte, organizado por usted, consciente o inconscientemente.

DEL *WAY OF THE PEACEFUL WARRIOR* de DAN MILLMAN

El no perdonar puede ser un camuflaje de una responsabilidad decreciente. Al echarle la culpa a otra persona de cualquier pena que esté experimentando o por no haber conseguido unos objetivos, podemos fingir: «Mi vida hubiera sido mucho mejor si no fuera por tal y cual, y por esto y aquello, y por esa cosa horrible que me sucedió.»

Eso no quiere decir que otras personas no deban ser responsables de su comportamiento. Las acciones de ciertas personas pueden hacer que usted vaya más despacio, que se desvíe y que sus planes se fastidien. En ocasiones es cierto que, si alguien no le hubiera hecho algo, podría usted estar mejor de lo que está. Pero, en última instancia, si usted no es productivo y saca el máximo partido de los dones que Dios le dió, esa excusa se vuelve inverosímil. Los supervivientes del Holocausto tienen potentes justificaciones para llevar unas vidas miserables, pero miles de ellos han salido adelante y han contribuido de una manera magnífica al mundo.

La culpa hace que se sienta impotente para traer suerte nueva a su vida. No se puede cambiar lo que le hicieron en el pasado, pero sí que tiene control sobre la manera en que conformará su vida en el futuro. La gente que no tiene suerte no sólo es así por culpa de unas circunstancias desgraciadas que les han convertido en víctimas. Son capaces de crear una mala suerte continua al quedarse empantanados en la ira y no ser capaces de perdonar y, por lo tanto, pierden oportunidades de dar un giro a su destino.

Perdonar a alguien no es igual a excusar su comportamiento, a decir que a usted ya le va bien, a estar de acuerdo en que usted se lo merecía, o a decir que se puede aceptar. El perdón no es otra cosa que librarse de ese abrigo de invierno que está bloqueando la luz y el calor del sol e impide que llegue hasta usted.

Diario de la suerte: ¿a quién necesito perdonar?

Responda a estas preguntas de una manera tan sencilla o complicada como quiera:

1. ¿A quién necesito perdonar para poder seguir adelante creando suerte en mi vida?

2. ¿Qué es lo que me detiene?

3. ¿Qué es lo que puedo hacer hoy que haga que esté más cerca de soltarme y avanzar?

Creador de suerte: convertir el remordimiento en determinación

«Hubiera sido mejor que... Debería haber... Cómo es posible que fuera tan estúpida... Ojalá hubiera resultado diferente.» Son declaraciones que crean suerte sólo durante un tiempo muy corto y que luego cambian, pasando a bloquearla. Cuando se comete un error es importante aprender de él. Siéntase responsable del mismo y fíjese en qué momento se apartó usted del camino de la rectitud, le hizo daño a otra persona, o no estuvo a la altura de sus propios valores y estándares espirituales.

Sumergirse en remordimientos es útil durante un corto período de tiempo, de lo contrario seguirá repitiendo el mismo patrón sin tener en cuenta de qué modo está estropeando su vida y la de los demás. Cada religión tiene un método para pasar revista a sus culpas y, luego, volver a Dios.

Después de haber confesado, dada cumplida satisfacción, hecho todo lo que se le ocurra para arreglar las cosas y se haya castigado lo suficiente, habrá llegado el momento de seguir adelante y saber crear suerte de ello. El fracaso en un momento puede conducirle al éxito en otro, si libera sus poderes creativos y deja de regodearse en «si yo...» o «lo siento». Esas palabras pueden ser arenas movedizas que le arrastren a una espiral negativa de la que es muy difícil escapar y recuperarse.

Cuando esté preparado, cree suerte actuando para asegurarse de que usted, u otros, no volverán a tener ese comportamiento de nuevo. He aquí algunos ejemplos:

El conductor borracho que mata a un niño se convierte en un activista que hace conferencias a estudiantes de instituto sobre los peligros de conducir borracho. El ladrón que va a la cárcel y que, al salir, monta un negocio en el que enseña a los propietarios de casas a impedir los robos. El padre que lamenta no haber estado a la disposición de sus hijos a causa de las presiones del trabajo, y que, cuando se jubila, se convierte en un abuelo activo y en voluntario para un programa de atención a la juventud. La esposa que se arrepiente de haber tenido un lío extramatrimonial y que acude a terapia y se entera de las raíces de la depresión que la hizo comportarse de ese modo y, luego, se concentra en hacer que su matrimonio funcione y se convierte en una esposa y madre mejor de lo que era.

Los remordimientos son un motivador potente del cambio. Puede que decida hacer algo positivo e importante como compensación de sus «pecados» pero esto no disculpa su comportamiento.

Si estaba conduciendo bajo los efectos del alcohol y mató a un niño, nada de lo que pueda hacer durante el resto de su vida hará que eso sea menos reprobable, especialmente, para la familia que perdió a su hijo. No es como si tuviera la palabra «pecado» escrita en una pizarra y al hacer algo positivo consiguiera borrarla. Está escrita en su vida con un rotulador indeleble.

Pero no tiene necesidad de desperdiciar el resto de su vida deteniendo el reloj en ese momento y no volviendo a darle al mundo nada positivo porque eso no hace más que aumentar la equivocación. Puede dedicarse a impedir que otros experimenten la misma tragedia.

Si tuvo usted un asunto extramatrimonial, es desafortunado que no pudiera encontrar una manera mejor de expresar su insatisfacción con su vida y su matrimonio. Pero ahora que ya lo ha hecho, si es que usted y su pareja están comprometidos de verdad, puede reparar ese desgarrón en su matrimonio y hacer que se vuelva aún más fuerte de lo que era antes. Y si se trata de un síntoma de que su matrimonio se ha terminado, puede divorciarse y pasar a crear relaciones nuevas y una vida plena. Por lo tanto, ese asunto suscitó, por lo menos, algo positivo como unos nuevos matrimonios e hijos que de lo contrario no hubieran existido.

A medida que se viaja por el camino de la vida, no son las montañas lo que nos cansa sino los granos de arena que se meten en nuestros zapatos y que no son otra cosa que el aborrecimiento que se siente hacia uno mismo y los castigos que nos infligimos y que agotan nuestra alma, nuestro optimismo y la confianza en nosotros mismos.

ANÓNIMO

El potencial para crear suerte para uno mismo y especialmente para otros, es más fuerte cuando uno se siente empujado por la culpa y la necesidad de pagar por ella y arreglar las cosas. Así que aproveche esa energía. Convierta el remordimiento en la determinación de cambiar el mundo de manera positiva a partir de este momento.

Encuentre a alguien a quien pueda ayudar. Esmérese en amar a alguien al que haya hecho daño con sus acciones y hágalo durante un largo período de tiempo, no sólo durante una o dos semanas. Vuelva a la escuela y reciba formación profesional para poder servir a los demás. Impídase volver a cometer el mismo error. Busque asesoría profesional para que le ayude a ello. Acuda a los líderes de su iglesia o sinagoga e incluso a laicos para que sean sus guías espirituales. Siga un programa de recuperación de doce pasos. Ofrézcase voluntario para trabajar en la comunidad.

Haga que esta «equivocación» sea lo mejor que jamás le haya sucedido, incluso a pesar de que desee que nunca se hubiera producido y siga lamentando el que así fuera.

Diario de la suerte: ¿de qué manera las equivocaciones de mi vida han resultado ser para bien?

Del fracaso aprendemos mucho más que del éxito. A menudo descubrimos lo que haremos si averiguamos lo que no haremos y, es probable, que la persona que jamás haya cometido un error jamás haga ningún descubrimiento.

SAMUEL SMILES

Haga una lista e incluya en ella cinco desviaciones o equivocaciones que lamenta haber cometido en su vida. Luego piense en la manera en que estas experiencias le condujeron a un cambio positivo en su vida y/o en la de otra persona. (Está claro que si representó una diferencia positiva en la vida de otra persona también lo fue en la suya.)

Llene los espacios en blanco:

Cuando_____

_____

_____

pensé que era terrible.

Conseguí convertir eso en suerte al _____

_____

_____.

Piense en un error de su vida que lamente. Luego piense en cómo es posible que no haya sacado algo positivo de ello. ¿Cómo se ha bloqueado e impedido seguir adelante? ¿Qué es lo que necesita para remediarlo y convertir esta decisión o circunstancia desafortunada en una afortunada?

Destructor de la suerte: buscar aprobación y no decir «no» cuando es necesario

No pierda el tiempo preocupándose por lo que los demás piensan de usted. Casi nunca lo hacen.

WINSTON CHURCHILL

La suerte puede deslizarse entre sus dedos si su prioridad número uno le gusta o la aprueba una persona o un grupo concreto de personas. Si no está dispuesto a decepcionar a alguien, es posible que diga «Sí» cuando tendría que decir «No». Si se «quema» eso le impedirá estar disponible para nuevas oportunidades.

Las mujeres se sienten culpables cuando le fallan a alguien y dicen: «Lo siento, no puedo hacer eso por ti». Fijar límites y no estar disponible puede hacer que no se reciba la aprobación de alguien o que no se alcance el objetivo irreal de no decepcionar nunca a nadie. Este impulso de ser amado y necesitado por todo el mundo les hace actuar de manera que no es lo que más les conviene, o incluso lo que más le conviene a la gente a la que están intentado ayudar.

Para la mayoría de mujeres, incluso para mí, también es excepcionalmente doloroso ser insultada por alguien, incluso por personas a las que no respetan. Tal como explico con detalle en mi libro *Starting from No: Ten Strategies to Overcome Your Fear of Rejection and Succeed in Business,* somos máquinas de buscar aprobación.

Mientras escribía este libro recibí una carta de una mujer que estaba enfadada porque yo había escrito una columna y adoptado una postura con la que ella estaba en desacuerdo de una manera muy vehemente: la de que llevar a los niños a una guardería o a un jardín de infancia es una opción aceptable. Soltó toda su furia sobre mí, expresando en un lenguaje lleno de odio el hecho de que yo era la mayor babosa del universo, que jamás debía haber tenido niños y que los míos crecerían odiándome porque les había llevado a una guardería cuando eran pequeños.

A pesar de que no conozco a esta mujer y que la opinión personal que tiene de mí no significa gran cosa en el contexto total de mi negocio, me puse inmediatamente a defenderme, elaborando cuidadosamente un e-mail que le demostrara que sus acusaciones no tenían validez. Envié el e-mail, sólo para recibir una respuesta que aún estaba más llena de odio.

Ése es el modo en que la búsqueda de la aprobación puede destruir la suerte. Pasé varios minutos durante ese día y otros días venideros discutiendo en mi cabeza con esa mujer sin cara, para intentar explicarle el motivo por el que la opinión que tenía de mí era equivocada. Me enfadé ante su audacia al inventar cosas sobre mí que no eran ciertas. Y cuanto más me enfadaba, menos productiva era.

Durante un corto tiempo perdí mi equilibrio y no escribía tan bien. Tuve problemas para dormir durante unas cuantas noches porque había despertado recuerdos de la niñez en que unos abusones decían cosas horribles e inciertas sobre mí. Me hizo cuestionarme si lo que ella había dicho de mí podía ser cierto. Quería gustarle pero lo cierto es que ella no me gustaba mucho.

He aquí la clave para salir de esos momentos de destrucción de suerte. Después de unos pocos días de angustia, me di cuenta de que aquello de lo que ella me acusaba no era cierto y, por lo tanto, no tenía necesidad de cambiar mi conducta.

Me liberé de mi adicción a ser amada y reverenciada por ella y por cualquier persona con la que me cruzara. Bueno, a pesar de que prefiero que nadie me odie, puedo vivir con ello si tengo que hacerlo. Es el precio que hay que pagar por ser un profesional público.

Me imagino que en su viaje, parte de su guión exige que ella se enfurezca de verdad conmigo, lo que la impulsa a actuar de cierta manera. Si no hubiera sido yo, hubiera sido cualquier otra persona. Me imaginé que quizá ella no había tenido buenas relaciones con sus propios hijos y era una mujer muy infeliz. Me obligué a recordar que ella creía que estaba haciendo un servicio a la humanidad poniendo en su sitio a las mujeres como yo.

La saqué del apuro y a mí también. No volveré a permitir que ella, ni cualquier otra persona, me robe la energía que me proporciona suerte.

Creador de suerte: ¡decirle que sí!

La creación de una vida de alta calidad le exigirá que desencante o disguste a otras personas. Hay un principio espiritual que funciona en la vida: cuando se atiende usted bien a sí mismo, también es siempre lo que le conviene más a la otra persona.

CHERYL RICHARDSON

Cuando le dice que no a otra persona, se está diciendo sí a si mismo, lo que le cuelga la temida etiqueta de «egoísta». A algunas personas «egoísmo o egoísta» les parece una palabra fea y sucia, pero los que crean suerte comprenden dos principios fundamentales de la creación de suerte:

1. Decir «no» permite que otra persona diga «sí»

Cuando insistimos en servir a alguien de una cierta manera que no se encuentra, de verdad, en el plan divino puede que estemos interfiriendo con unos planes muchos mayores para nosotros y para ellos. Si este no es el lugar en que se supone que debemos estar o ellos lo están, podemos impedirles que se crucen con la persona o las circunstancias con las que se supone debían cruzarse.

Lo que parece un acto egoísta, o sea decir: «No, ahora mismo no puedo hacer eso para usted» puede ser, en realidad, un regalo tremendo. Si ese individuo necesita de verdad algo, pero usted no es la persona adecuada para ello, cuando se niegue aparecerá la persona adecuada.

Para ayudarle a «entender» este principio, repítase la afirmación siguiente cuando se sienta culpable por no complacer a alguien:

«Sé que el universo les está proporcionando, exactamente, lo que necesitan ahora mismo. Gracias Dios mío por enviarles, exactamente, lo que necesitan y cuando lo necesitan.»

O, «confío en que el universo les enviará, exactamente, lo que necesitan».

Como autora y columnista profesional, es posible que me comprometa excesivamente al intentar dar respuesta a todos los individuos que buscan mi ayuda. He aprendido a fijar límites porque cuando tengo que decirle a alguien: «Lo siento, no puedo ayudarte en eso», me imagino que eso les hará buscar ayuda en otra parte y que, esa otra parte, será un profesional mejor preparado que yo para ayudarles.

Si mi ego me hace pensar que sólo porque alguien me está pidiendo ayuda a mí, soy yo la que debo prestársela, les impido que reciban el asesoramiento que podría beneficiarles más. Después de recibir una respuesta mía inadecuada, dejarán de buscar más respuestas. Es mejor para ellos y para mí que les diga: «Lo lamento, en realidad no soy experta en esa área. Le sugiero que se ponga en contacto con tal y cual.»

Este principio es más difícil de emplear cuando hay dinero involucrado o pueden herirse los sentimientos de un ser querido. Se necesita valor para rechazar un trabajo pagado cuando se sabe que ya está demasiado sobrecargado. Pero imagínese que otro profesional pudiera beneficiarse, de verdad y mucho más que usted, de esa misma oportunidad.

Una revista me ofreció un trabajo esporádico pagado en un momento en que estaba enterrada debajo de montañas de plazos de entrega del libro que estaba escribiendo. Decir «Sí» era tentador, pero mis obligaciones me decían «No». En lugar de aceptar, recomendé a una escritora *freelance* a la que yo conocía al director de la revista. Esa escritora estaba empezando su carrera y estaba hambrienta de encargos, ella estuvo encantada de aceptar, el director de la revista estuvo encantado de tenerla y yo volví al trabajo que estaba reclamando mi atención.

Es posible que el universo lo hubiera tenido ya diseñado de ese modo: la carrera de esta escritora tenía que arrancar escribiendo periódicamente para esta revista y mi papel en el drama era el de pasar el trabajo cuando llegó a mis manos. Si hubiera aceptado el encargo cuando en realidad no era para mí, yo hubiera estado bloqueando su suerte.

Un ser querido que se siente rechazado o enfadado puede que no comparta su visión de un plan mejor que no le incluye a usted. Una amiga mía está teniendo problemas para romper con su novio, un buen chico que está completamente enamorado de ella, pero esos sentimientos no son mutuos. Le sugerí que dejara de preocuparse por herir sus sentimientos y que pensara que le estaba liberando para que estuviera a disposición de la mujer adecuada que, realmente, le ame y le aprecie de la manera que él se merece. Su decisión de aguantar la relación para no hacerle daño a él puede impedir que ese chico conozca a una mujer sensacional que puede volverse loca por él. Del mismo modo, hasta que ella no estuviera libre no podría recibir al hombre adecuado.

Su intento bien intencionado de proteger a su novio era probable que les hiciera más daño a ambos que el hecho de seguir adelante con lo que ella sabía que necesitaba hacer, romper la relación.

2. Decir «no» a los demás y «sí» a sí mismo le permite situar su concentración en el lugar que le corresponde

Si mantiene sus energías concentradas donde les corresponde, ayudará a la gente a la que está destinado a ayudar en lugar de a aquellos a los que el miedo o su adicción a la búsqueda de la aprobación le impulsa a servir. Si se prodiga demasiado puede que sea de ayuda a más personas, pero puede perderse una oportunidad nueva que hubiera permitido que su contribución al mundo hubiera hecho un impacto mucho mayor. Al contenedor debe quedarle algo de espacio en su interior para que pueda entrar algo nuevo.

Christina DiMartino de Palm Beach, Florida (EE.UU.), hacía casi veinte años que era propietaria de un negocio de venta al detalle de mucho éxito y sus clientes la adoraban. Pero dice que estuvo odiando cada minuto de esos veinte años. A continuación recuerda la manera en que hizo la transición de propietaria de un establecimiento al detalle a escritora a tiempo completo dando, por fin, rienda suelta a su verdadera pasión.

Todo el tiempo que estuve en el negocio equivocado, me estuvieron llegando mensajes. Pasé por un divorcio, los chicos crecieron, acabé teniendo un litigio de pesadilla con el propietario del local de mi negocio porque no cumplía con el contrato y casi perdí mi casa. Un día me levanté y me di cuenta de la razón que tenía Joe Campbell cuando decía que hay que ir en pos de nuestra felicidad. Decidí que, incluso si tenía que plantar una tienda en la playa y pescar para comer, no iba a abandonar mi sueño de convertirme en una escritora a tiempo completo. ¡Y durante un tiempo casi tuve que hacerlo!

Durante toda nuestra vida hay pequeños mensajes que nos persiguen y que nos dicen lo que deberíamos estar haciendo y cuándo, pero la mayoría de las personas no los escucha. Se encuentran envueltos en el dinero todopoderoso y viven con el miedo de no poseer «cosas»: un bonito coche, una casa impresionante, etcétera. En la vida, cuando uno se encuentra en el camino correcto suceden cosas asombrosas. Las ventanas se abren, las puertas no están jamás cerradas con llave y cosas pequeñas (en apariencia se trata de coincidencias) aterrizan en su regazo, y todo ello no es otra cosa que mensajes de que está usted haciendo lo correcto.

El único miedo que tengo en la vida es encontrarme en mi lecho de muerte diciendo: «¡Ojalá hubiera...!». Cuando se piensa así no parece que haya otra cosa en la vida que sea importante. Ponga en orden su vida, líbrese de todo lo que no tiene que tener, obligatoriamente, para sobrevivir, elimine las cosas que devoran su tiempo y luego, hágalo.

Diario de la suerte: he de decirle sí a mi alma

Complete la frase siguiente por lo menos cinco veces, y más si tiene ganas de ello:

Estoy diciendo sí a _____ a pesar de que eso significa que tengo que decir no a _____, porque sé que éste es el camino de mi alma (o sé que me hará más feliz o más sano) y debo hacerle honor.

Ahora que ya ha decidido decirle sí al deseo de su alma, demos una ojeada al Capítulo 6, y veamos cómo reunir la paciencia necesaria para esperar que todo se junte cuando usted lo quiere ¡Ahora!

6

Tenga la dosis adecuada de paciencia

El tiempo es demasiado lento para los que esperan, demasiado rápido para los que tienen miedo, demasiado duradero para los que sienten pena y demasiado corto para los que se alegran.

ANÓNIMO

El flujo de la vida no se puede forzar. Puede usted prepararse tan bien como le sea posible para su viaje, con lo que incrementará su suerte; pero cuando los accidentes o unas circunstancias imprevistas le hagan descarrilar o le hagan aflojar el paso, debe ser lo bastante flexible para seguir funcionando con el flujo que se le ha dado y no con el que usted tenía pensado.

¿En alguna ocasión ha salido con destino a algún lugar o para algo importante y se ha encontrado con un atasco de tráfico inesperado? La adrenalina empieza a recorrer su cuerpo e incluso es posible que de su boca se escapen unas cuantas palabras «floridas». Yo recuerdo vívidamente una de estas situaciones que demuestra lo fútil que es intentar luchar con la realidad.

Me dirigía al aeropuerto para tomar un vuelo que me llevaría al otro lado del país, donde me esperaba un trabajo de asesoría. El atasco de tráfico provocado por un accidente hacía que corriera peligro de perder mi vuelo. Estaba hecha unos zorros. Me aferré al volante hasta que mis nudillos se pusieron blancos por el esfuerzo, iba saltando de un carril al otro intentando ganar unos cuantos segundos extra. Después de media hora de hacer todo eso, me di cuenta de que me encontraba inmersa en el flujo del tráfico y de que nada de lo que hiciera iba a cambiarlo. El coche que yo conducía no era

Chitty-Chitty Bang-Bang, así que no podía volar por encima de los coches que iban delante mío. O bien llegaría a tiempo o no, y el que me estuviera estresando al respecto, sólo conseguía que estuviera conduciendo de una manera nada segura.

Conseguí llegar a tiempo para tomar el avión aunque sólo cinco minutos antes de que cerraran las puertas, con el efecto del desodorante completamente deteriorado y el corazón a punto de salir por mi boca después de haber llegado corriendo desde el aparcamiento con todo mi equipaje a cuestas. Ahora todavía me dirijo al aeropuerto con más tiempo extra. Aquello no tuvo nada de divertido.

¿Tiene usted una costumbre como ésa? Debe preguntarse a sí mismo, ¿es la consecuencia de no dejar tiempo más que suficiente para llegar con seguridad a su destino, o cuando se produce un retraso inesperado, se vuelve loco por algo que está absolutamente fuera de su control?

Creador de suerte: respete la oportunidad temporal perfecta de un plan divino

El tiempo es la mano poderosa que mece la cuna eterna del progreso y alimenta a la humanidad durante ese período en que el hombre necesita protección contra su propia ignorancia.

NAPOLEÓN HILL

La buena suerte exige que se sea persistente, se trabaje muchísimo y se sea, temporalmente, oportuno. La impaciencia es su enemigo. Imagine que está preparando un *goulash* húngaro. Coloca en una cazuela la mejor carne junto con las especias, y luego lo deja cocer a fuego muy lento durante varias horas hasta que el aroma que desprende —que dicho sea de paso consigue que se le haga la boca agua— le invita a comer. Si hubiera probado el *goulash* al cabo de unos minutos de estar en el fuego, incluso la mejor carne hubiera estado cruda y hubiera sido desagradable. El *goulash* o cualquier otro estofado necesita tiempo para cocinarse debidamente y llegar a su mejor punto, y lo mismo puede decirse de cómo puede obtenerse el máximo partido de algunas de las experiencias más gozosas de la vida.

Hay muchas personas que no encuentran la buena suerte porque no tienen la paciencia necesaria para esperar hasta que el serendipismo les visita.

Quieren soluciones rápidas, ganancias instantáneas a la lotería y buena suerte de la que no cuesta ganar. Las personas que tienen éxito están dispuestas a trabajar mucho y durante mucho tiempo para conseguir la «buena suerte». Vale la pena esperar por las cosas buenas.

A pesar de que puede que bendigamos al serendipismo que nos puso en el camino de la suerte y tener un temor reverencial por la fuerza divina y misteriosa que lo organizó todo, poco después querremos volver a ser los dueños de esos planes y reescribir la historia.

Es posible que se lamente diciendo: «¿Por qué no podía haberle conocido antes?», después de conocer al amor de su vida, pero habiendo pasado antes diez años terribles en un primer mal matrimonio. «¿Por qué no podía haber conseguido ese trabajo cinco años atrás?, o ¿haber encontrado a esa fabulosa comunidad espiritual cuando tenía veinte años?, o ¿perdido peso cuando era joven en lugar de pasar años de pena y dolor siendo una mujer obesa? Soy tan feliz ahora, ¿por qué no podía haber sido feliz antes?

Porque no tenía que ser de ese modo. No se pueden tener las dos cosas, o sea recibir el don de la oportunidad temporal perfecta y luego quejarse: «Esto es sensacional, pero ¿por qué no podía haber sucedido antes?». Eso cambia la oportunidad temporal, que cuando sucedió era perfecta, ¿se acuerda? ¿Por qué motivo no hubiera funcionado si lo hubiera conseguido antes?

Piense en cualquiera de las posibilidades siguientes:

- En ese momento no lo hubiera disfrutado. Lo que ahora le hace feliz podía haberle hecho muy desgraciado si lo hubiera recibido o conseguido unos años antes.
- No estaba preparado para ser tan feliz y lo hubiera saboteado.
- A causa de las dificultades a las que se enfrentó es usted, ahora, una persona mejor.
- Se suponía que tenía que ayudar a otra persona y, para estar disponible para esa misión, había que retrasar algo hasta el momento presente.

Mi esposo y yo estamos agradecidos de no habernos encontrado hasta una época más tardía en nuestras vidas. Stephen tiene siete años más que yo, que soy hija de los sesenta. Hace veinte o treinta años, cuando él era un verdadero hippie y yo era la «señorita buena chica» teníamos tan poco en común, que no hubiera habido forma de que nos hubiéramos interesado el uno por el otro.

Una de las circunstancias que yo lamentaba cuando le conocí era que él había tenido una vida muy significativa antes de conocerme, había estado casado durante muchos años y tenía dos hijos. La primera vez que encontré una caja llena de viejos álbumes de fotos de Stephen en un armario me puse a llorar. Me pasé horas torturándome con las imágenes de su vida anterior. Él ya había experimentado el milagro del nacimiento de un bebé. Yo quería ser su primer amor importante tal como él lo era mío. ¡Mi vida no se suponía que fuera así!

Pero lo era. Yo había tenido mi viaje de crecimiento personal y él había tenido el suyo y, en realidad, no estábamos preparados para conocernos hasta que lo hicimos. Así que, por mucho que yo fantasee sobre lo que hubiera sucedido si no estuviéramos criando a tres bebés teniendo cuarenta años, si hubiéramos podido escaparnos de problemas difíciles de custodia de hijos y de hacer de madre o de padre a los hijos de otro, esa fantasía no tiene nada que ver con la perfecta oportunidad temporal del universo.

Cuando Barbra Streissand habló de su nuevo amor, James Brolin, dijo: «¿Qué hubiera pasado si hubiéramos pasado juntos una parte mayor de nuestras vidas? Siempre nos lo preguntamos porque, a lo largo de los años, hubo tantas ocasiones en que casi nos conocimos. Hubiera sido hermoso tener hijos, pero está visto que no tenía que ser así. Él tiene los hijos que se supone que debía tener y yo tengo el mío. Nos encontramos y nos conocimos cuando podíamos manejarlo.»

Diario de la suerte: el descubrimiento de la oportunidad temporal perfecta de mi vida

Piense en tres cosas que tiene usted ahora y que hacen que se sienta feliz y realizado. Piense en la familia, el trabajo, las conexiones espirituales, las amistades, las aficiones, el lugar en que vive, etcétera.

¿Qué es lo que estuvo usted haciendo de valor antes de que esas cosas le llegaran y qué necesitaba aprender antes? ¿Por qué fue perfecta la oportunidad temporal de estos acontecimientos?

Destructor de la suerte: rendirse demasiado pronto

La mayoría de las cosas importantes del mundo han sido logradas por gente que han seguido intentándolo cuando parecía que no había esperanza alguna.

DALE CARNEGIE

Si tuviera una bola de cristal y supiera, con convicción, cuál es el momento adecuado para comprar y vender acciones, podría convertirse en billonario. Cualquiera que juegue en serio en el mercado de valores ha tenido la desafortunada experiencia de vender unas acciones justo antes de que su precio se dispare. ¡Vaya, mala suerte! Usted no sabía qué es lo que le iba a traer el futuro.

Cuando sienta ganas de abandonar, imagínese a Dios esperándole, pacientemente, con todas las piezas del rompecabezas a punto para juntarlas de manera que pueda recibir la abundancia que estaba destinada para usted. Mientras está usted gritando, «¡Ahora Dios, Ahora Dios, por favor, dámelo ahora Dios!», Dios le tiene reservado algo mucho mejor, y lo único que tiene que hacer es aguantar y quedarse ahí quieto, hasta que la oportunidad temporal sea perfecta.

No hay enfermedad peor que la pérdida de la esperanza.

RABINO YISROEL SALANTER

Me imagino el desencanto y el disgusto de Dios cuando me alejo a toda marcha y desafiante o permito que la depresión y la duda me abrumen, haciéndome actuar de una manera que me impide recibir la suerte que está esperando a que el momento sea el adecuado. Es como si Santa Claus llegara a una casa para entregar los regalos y se encontrara con un cartel en la puerta que dijera: «Lo sentimos Santa Claus. Nos cansamos de esperarte y nos fuimos de compras. Vete a otro lugar.»

Me doy cuenta de que esta visión adjudica forma de hombre a Dios al atribuir a una entidad divina sentimientos como el desencanto. Para mí tiene mucha fuerza el creer que estoy compartiendo una creación con una fuerza divina que me permite que tenga mis arranques de mal genio y mi libre albedrío, pero que también me alienta para que tenga fe.

Creador de suerte: hay que determinar cuándo son necesarias la paciencia o la persistencia

Cuando tengas dudas, quédate quieto y espera. Cuando ya no tengas dudas, avanza con valor. Mientras la niebla te envuelva, quédate quieto; quédate así hasta que la luz del sol atraviese la niebla y la disipe, como es seguro que lo hará. Luego actúa con valor.

ÁGUILA BLANCA

Al investigar para mi libro, *Starting from No: Ten Strategies to Overcome Your Fear of Rejection and Succeed in Business*, escuché innumerables historias de personas de negocios, escritores y artistas que prevalecieron después de llenar sus paredes con notas de rechazo. Esas personas no interpretaron el «No» inicial como: «No, jamás, eres un perdedor y deberías abandonar tu sueño» sino que para ellos «no» significaba: «No ahora mismo, pero quién sabe lo que traerá el futuro.»

Así como hay un momento para cada estación, hay un momento para una paciencia llena de fe o para una persistencia activa. En ocasiones, lo más importante que puede hacer para llevar suerte a su vida es no hacer nada. Pase a otra cosa y déjelo reposar un poco. Confíe en que le llegará cuando el momento sea el adecuado y ocúpese con otras cosas. A menudo habrá oído que la gente dice respecto a haber encontrado a su amor: «Me rendí y dejé de buscar, y entonces apareció.» Es posible que actuar pueda ser la *última* cosa que debe hacer ahora mismo. Al dejar que transcurra un cierto tiempo sin intentar hacer que suceda algo, conseguirá usted, al final, exactamente lo que quería.

Me alegra no haberme casado con el tipo equivocado cuando puse el anuncio personal en el periódico. Estaba actuando al acudir a todas esas citas, pero sólo cuando dejé de hacerlo durante unos cuantos meses, se produjo la misteriosa coincidencia que hizo que mi esposo se pusiera en contacto conmigo, después de que el anuncio fuera anulado.

Es frecuente que las parejas estériles digan que, poco después de haber decidido adoptar a un niño, la mujer queda embarazada. Es un misterio para los médicos. ¿Podría estar relacionado con la relajación que acompaña al hecho de renunciar a la misión de quedarse embarazada?

Grace Housholder, editora y autora de una serie de libros de humor, nos habla de una muestra de buena suerte que sólo se produjo después de años de esperar y confiar:

Cuando en el otoño de 1994 publiqué, yo misma, mi primer libro de *Funny Things Kids Say*, mucha gente de la localidad se deshizo en elogios al respecto. Se vendió muy bien, localmente, especialmente porque era Navidad. Pero después de la euforia inicial, me di cuenta de lo realmente difícil que es vender libros.

Durante los años siguientes e incitada por mis amigos, intenté conseguir que un gran editor me aceptara. Una y otra vez me llenaba de esperanza —a menudo con buenos motivos— pero todo lo que recogí fueron algunas cartas fulgurantes de rechazo... cartas que alababan lo que estaba haciendo, pero que decían que, por uno u otro motivo, yo no «encajaba».

En realidad no me desanimé jamás porque yo adoraba —y sigo adorando— lo que hago. Afortunadamente, tanto mi esposo como yo somos periodistas empleados a tiempo completo y, por lo tanto, no tengo necesidad de vender libros para poner comida en la mesa. Recoger historias divertidas y luego compartirlas con los demás es una manera que tengo de ayudar a que el mundo sea más brillante. Es una manera en que yo, que he recibido muchas bendiciones, puedo «devolver» algo. Siempre he sabido que Dios es el que está al mando y que lo que sea correcto según su plan, sucederá y lo hará en el momento adecuado. Así que ¿por qué tener prisa?

El otro día recibí una llamada, como caída del cielo, de una de las empresas de relaciones públicas más grande y respetada del mundo. Me dijeron que habían visto mis libros y que les encantaban y me preguntaron si querría ser la portavoz de una campaña de publicidad basada en las cosas divertidas que dicen los niños. ¡Me preguntaron si me importaría aparecer en la televisión a escala nacional!

¿Importarme? ¡No, no lo creo! ¡Había estado esperando este momento durante años!

Algunos de los logros más brillantes de la vida se producen cuando no estamos dedicados de manera activa a hacer que sucedan, sino cuando estamos, sencillamente, abiertos y disponibles a lo que se presente. Muchos de los descubrimientos de los genios del siglo XX fueron el resultado de iluminaciones recibidas durante un sueño, cuando la mente del inventor estaba durmiendo. Y en ocasiones, como le sucedió a Grace, uno está despierto pero no lo busca. Se limitó a permanecer a la espera el tiempo suficiente para que cuando fuera el momento adecuado para el resto del mundo, estuviera preparado para actuar.

Creador de suerte: permita que su intuición le diga cuándo ha llegado el momento de actuar

Hace poco perdí un contrato de una lucrativa columna cuando la publicación eliminó a todos los columnistas procedentes de agencia debido a unos recortes presupuestarios. Mi mente se llenó de ansiedad por el impulso de sustituir inmediatamente los ingresos perdidos haciendo más ventas. Esta clase de motivación puede ser un medio poderoso para superar la desgana a hacer visitas de ventas.

Pero cuando sintonicé con mi intuición, ésta me dijo: «No tienes necesidad de reemplazar esos ingresos en la primera semana de su desaparición. Ya saldrá algo mejor, pero aún no es el momento adecuado. Ahora no es el momento de ir detrás de negocios nuevos. Primero termina las obligaciones que ya tienes, como, por ejemplo, acabar tu libro». Por ello estoy escribiendo este capítulo en lugar de patear la proverbial calle buscando trabajo pagado.

Eso es lo que quiero decir con tener una paciencia llena de fe. No es abandonar el objetivo. Yo sigo planeando reemplazar los ingresos perdidos. Se trata de reconocer que se puede avanzar hacia el objetivo incluso cuando no siempre se esté yendo en pos de él de manera activa, cuidándose de otros negocios que haya en la vida y que necesitan ser atendidos antes. Lo que debe usted hacer es preparar la pista de aterrizaje para cuando el avión de su suerte esté preparado para aterrizar. El avión está dando vueltas en el aire, preparado para aterrizar en cuanto la pista esté libre y segura.

Contraste este estado mental con el que tenía cuando le despidieron y se sentía desafiante porque no había alcanzado sus objetivos y estaba decidido a derribar los obstáculos que pudiera haber en su camino. Si el momento es adecuado y su enfoque es eficaz, sus acciones pueden ser lo que se necesita para que su suerte cambie completamente. «Paciencia con fe» podría ser el beso de la muerte.

Kellye A. Junchaya, autora de *They Laughed at Noah: Preparing for Natural Disasters*, cuenta una historia que presenta la persistencia creativa en acción:

> Cuando estaba escribiendo mi libro vi una foto en una revista que yo quería utilizar, en la cubierta de mi libro. ¡Encajaba perfectamente con el título y me encantó! Llamé a la revista y les pregunté si podía utilizarla. Me dijeron que no sabían quién poseía los derechos y que, por lo tanto, no podían ayudarme y no me entregarían un ejemplar de la fotografía. En la fotografía decía que el fotógrafo era un tal Charles Banks, del *Boston Post*, y la fecha era de 1953. ¡Bueno, el *Boston Post* hacía veinte años que había cerrado!
>
> No podía rendirme. Llamé a información de Boston y les pedí el número de teléfono de Charles Banks. Había tres. El primero era una máquina de fax. ¡El segundo era el hijo del fotógrafo! El Charles Banks original había fallecido pero, afortunadamente para mí, su hijo tenía el mismo nombre y vivía en la misma zona. Era propietario de los derechos y me permitió utilizar la fotografía, gratuitamente.
>
> Luego envié mi libro a Quality Books, Inc., el distribuidor de bibliotecas. Recibí una carta de rechazo en la que me decían que mi libro no cumplía sus estándares. Estaba tan desencantada que pensé que no tenía nada que perder, así que telefoneé a Quality y les expliqué que quería que nuestros libros fueran profesionales y estuvieran a la altura de los estándares del sector y que, por lo tanto, les agradecería que me dijeran concretamente qué es lo que había hecho que mi libro no cumpliera con sus estándares, para poder mejorarlo en el futuro.
>
> La señora con la que estaba hablando me dijo que iba a sacar mi libro y le preguntaría al presidente del comité. Unos minutos más tarde me volvió a llamar y me dijo que el presidente no tenía ni idea del motivo de que se hubiera rechazado el libro y que pensaba que se vendería muy bien en el mercado de las bibliotecas. Lo volvió a pasar al comité y obtuvo una aceptación unánime. ¡Ahora están vendiendo mi libro y sólo espero a que llegue a los veinte primeros!

En este caso, si Kellye hubiera permanecido inactiva, hubiera perdido la portada de sus sueños y se hubiera quedado fuera del sistema de bibliotecas. Una persecución persistente y oportuna de sus objetivos le trajo la suerte.

Así que aquí tenemos la pregunta del millón de dólares: ¿Cómo se sabe cuándo hay que tener una paciencia llena de fe o una persistencia creativa y tozuda?

Si presta oídos a su intuición, sabrá la respuesta sin que nadie tenga que decírsela. Cuando vaya detrás de algo y nada funcione, puede que su instinto le tranquilice: «Todo marcha bien, descansa, para un poco, llegará cuando tenga que llegar. Mientras, haz alguna otra cosa.»

O puede que su intuición le esté animando: «No permitas que esto te desanime. Lo que tienes para ofrecer es, realmente, estupendo y sólo es cuestión de tiempo el que alguien se dé cuenta. ¡No te rindas! ¡Sigue persiguiéndolo!».

Escuche a su intuición. Preste atención a los mensajes que le dan esperanzas diciéndole que con la suficiente persistencia conseguirá lo que quiere, o que le dicen que está usted ladrando al árbol equivocado, o sea, que va desencaminado.

Diario de la suerte: ¿estoy corriendo cuando debería estar descansando?

¿Está usted persiguiendo celosamente algún objetivo y no llega a parte alguna? ¿Se siente agotado y desalentado? ¿Tiene miedo de parar porque le preocupa la posibilidad de que nunca conseguirá lo que quiere? ¿Su intuición le está gritando para que se detenga, pero su mente aterrorizada sigue adelante, de todos modos?

Dese un respiro y haga algo diferente durante un tiempo. Complete la frase siguiente tantas veces como pueda serle aplicada:

Durante mucho tiempo he estado haciendo _____. No me ha dado los resultados que esperaba. Voy a darme un respiro y hacer _____, o no _____, y ver qué sucede.

Diario de la suerte: ¿estoy descansando cuando tendría que ir en pos de ello?

¿Se está volviendo perezoso? ¿Está permitiendo que su miedo le paralice y le impida actuar? ¿Está viviendo una fantasía en la que unas hadas le traerán lo que usted quiere sin que tenga que hacer esfuerzo alguno? ¿Ha estado descansando durante mucho tiempo y ahora es el momento de volver a ponerse en movimiento?

Cambie el patrón dando unos pasos pequeños. Complete la frase siguiente tantas veces como pueda serle aplicada:

Me tomé un descanso durante un tiempo y estuvo bien. Ahora es el momento de ponerme en movimiento y empezar a hacer _____. Esto es lo que va a ser necesario para conseguir lo que quiero, y estoy dispuesto a empezar de nuevo.

Destructor de la suerte: convertirlo todo en una catástrofe

> *Tenemos dos clases de miedos. Uno es el miedo de que, sea lo que sea que está sucediendo, va a seguir sucediendo siempre. El otro es el miedo de que, incluso si no sigue para siempre, el dolor de lo que está sucediendo sea tan terrible que no seremos capaces de soportarlo.*
>
> Sylvia Boorstein

Los niños pequeños tienen una costumbre muy enojosa. Cuando tienen aunque sólo sea un poco de hambre o ven algo dulce que quieren en ese momento, se ponen a aullar con la voz más potente y quejumbrosa que encuentran: «¡Me estoy muriendo de hambre!». Si les dice que no es posible que se estén muriendo de hambre porque acaban de cenar, gritan aún más: «¡Me estoy muriendo de hambre! ¡De verdad, verdad, verdad, me estoy muriendo de hambre!». Todos los intentos de enseñarles la diferencia que existe entre lo que quieren y la verdadera inanición acostumbran a caer en oídos sordos.

Lo mismo sucede entre nosotros y nuestro creador. Cuando no conseguimos lo que queremos y cuando lo queremos, pensamos que ¡nos estamos muriendo de hambre! Aullamos, gemimos, nos preocupamos y suplicamos, convenciéndonos a nosotros mismos de que para ser felices debemos tener lo que sea y en este preciso instante.

Reunir la paciencia necesaria para esperar la llegada de algo exige disciplina y fe. Vivimos en una era de gratificación instantánea y de prisas. Leí un estudio asombroso que demostraba que la mayoría de proyectos de obras en carreteras para aliviar la congestión del tráfico y que cuestan millones de dólares, sólo ahorran a los conductores una media de seis segundos de tiempo. Las retenciones por culpa de la construcción eliminan cualquier ganancia.

Contemplé atónita un documental de la televisión que explicaba la evolución de la parte superior de los contenedores de alta tecnología del zumo de naranja, diseñados para que los consumidores puedan ahorrar menos de un segundo en el proceso de apertura. Una vez conocí a un hombre que se ganaba la vida como cobrador de peaje en una autopista. Si dedicaba 20 segundos extra a un cliente, podía estar seguro de que varios de los clientes que le seguían le harían mala cara. Si le dedicaba todo un minuto extra, las bocinas empezaban a sonar. A nosotros y a nuestros hijos se nos hace cada vez más difícil permitir que algo se produzca en su propio y lento tiempo.

La clave para moderar su impaciencia reside en la manera en que se habla a sí mismo. Examine las palabras que elige cuando las cosas no le marchan bien. ¿Lo convierte todo en una catástrofe añadiéndole el adjetivo «terrible»? ¿Se ha convencido de que sin este recurso se morirá de hambre a pesar de que hay otras alternativas para alimentarse? ¿Se preocupa por si sólo existe una manera de conseguir lo que quiere?

No pasará mucho tiempo antes de que esta clase de conversación consigo mismo le haya envuelto en un frenesí respecto a algo que, en realidad, no es tan vital para su bienestar. Cuando se encuentra en un estado de pánico, depresión o ira, se impide a sí mismo crear la suerte que podría proporcionarle la alegría que está buscando. Cuando se sienta impaciente, elimine su interpretación catastrófica del acontecimiento y su nivel de ansiedad disminuirá notablemente.

Creador de suerte: crea en un plan mejor

Volverse más paciente implica que debe abrir su corazón al momento presente, a pesar de que no le guste.

RICHARD CARLSON

De todas las estrategias de creación de suerte que aparecen en este libro, ésta aparece, definitivamente, en la lista de las diez mejores como mi favorita personal. Funciona de verdad.

Cuando usted planee que las cosas salgan de una manera y no lo hagan, en lugar de ahogarse en remordimiento y preocupación, recupérese inmediatamente con esta expectativa positiva: «Debe haber un plan mejor».

En ese momento puede que no sepa usted cuál es el plan alternativo, pero puede seguir teniendo fe en que le tienen guardado algo mejor. Una vez que todo salga, estupendamente, no hay duda de que contará la historia: «Veis, qué bien que no conseguimos lo que pensábamos que queríamos. ¡Esto es muchísimo mejor!». ¿Por qué esperar a tener la prueba? Créalo primero, tenga fe. En lugar de quejarse por la pérdida de sus planes deseados, siéntase curioso y nervioso por los planes mejores que Dios o el universo tienen para usted en lugar de ésos.

Cuando mi esposo y yo nos trasladamos de Boston a Lancaster teníamos un desafío que solucionar. Nuestra casa en Boston se vendió tan rápidamente que lo hizo antes de que encontráramos una casa en Lancaster. Nos fuimos en coche a Lancaster y nos dimos una semana para encontrar una casa. El tiempo se estaba acabando y, a pesar de que no encontramos la casa perfecta, sí que encontramos una aceptable, e hicimos una oferta por ella. La oferta fue rechazada y ya no teníamos más tiempo. Acabamos por trasladar dos camiones llenos de muebles y pertenencias a una casa de alquiler, mientras yo estaba embarazada de tres meses de Elana y Sarah sólo tenía un año de edad. No tenía nada de divertido, especialmente, con los mareos matutinos.

Cuatro meses más tarde, cuando estaba embarazada de siete meses, volvimos a trasladarnos a nuestro nuevo hogar, la casa y el vecindarios perfectos que por fin encontramos después de una búsqueda intensiva. Ahora, después de llevar cinco años viviendo en Lancaster nos damos cuenta de que el vecindario de la primera casa no era, en absoluto, el lugar en que nos hubiera gustado vivir, pero en ese momento no lo sabíamos.

Durante todo este cataclismo llegué a odiar los traslados, el empaquetar, desempaquetar y volver a trasladarnos, especialmente, mientras estás embarazada y te ocupas de un bebé que empieza a andar. Deseaba que hubiéramos encontrado la casa perfecta en esa primera semana de búsqueda, pero la casa que era adecuada para nosotros estaba ocupada en esa época. Los propietarios tuvieron que irse de repente debido al traslado de la empresa en que trabajaban, por lo que tuvieron que poner la casa en el mercado después de que ya nos hubiéramos instalado en la casa de alquiler.

Cuando rechazaron nuestra primera oferta me impedí entregarme al desespero volviéndome curiosa respecto a la casa estupenda que nos estaba esperando y que aún no habíamos encontrado. Yo creía que sería una casa mejor para nosotros que la que habíamos perdido y tenía razón. Tuvimos la suerte de encontrar la casa *adecuada* porque no permitimos que el desencanto de perder la casa *equivocada* nos desanimara y abandonáramos el proceso de búsqueda.

Por mucho que invierta en conseguir mis objetivos, si algo no sale como yo esperaba, pierdo poco tiempo en sentir remordimiento por ello. Creo, firmemente, que el capitán de mi nave —Dios— me está guiando en otra dirección y yo no sé aún cuál es, pero si sigo estando abierta y deseosa de encontrarla, aparecerá. Es casi inevitable, lo que aparece después es mucho mejor para mí que aquello que era reacia a dejar escapar.

Diario de la suerte: ¿de qué manera ha resultado mi vida ser mejor de lo que yo había planeado?

En el Antiguo Testamento, Éxodo 33, Moisés pide ver la presencia de Dios y se le dice: «Verás mi espalda, pero no debes ver mi cara.» A menudo se interpreta como que es frecuente que sólo podamos ver la presencia de Dios en nuestras vidas en retrospectiva.

Identifique diez cosas apreciadas que tenga ahora en su vida y que no fueron planeadas por usted, pero que está claro que está contento de que resultaran así. Por ejemplo, un embarazo no planeado, un trabajo que no estaba buscando, un traslado que al principio le disgustó pero que fue para bien, un divorcio que le causó mucho dolor pero que le condujo a un matrimonio nuevo y querido. ¿Cree usted que la intervención divina fue la que orquestó estas desviaciones de sus planes?

Diario de la suerte: los beneficios de mi paciencia

Precisamente, cuando usted piense que el mañana no va a llegar nunca, ya será ayer.

ANÓNIMO

La mejor motivación para desarrollar una paciencia mayor es reconocer las recompensas que, al hacer eso, ya le han sido otorgadas en su vida. Piense en cualquier relación o experiencia de valor que no tendría si no hubiera sido paciente. Tome nota de estos casos de los que es consciente, terminando con la declaración: «Y valió la pena esperarlo.» Piense en sus relaciones íntimas, en el trabajo, en la exploración espiritual, en la salud y en su estado de forma física y demás.

Por ejemplo: Yo no me casé con Stephen, mi esposo, hasta que tuve 33 años y él 40. Valió la pena esperar por él.

Bloqueador de la suerte: aferrarse a algo cuando ha llegado el momento de abandonar

Hemos estado hablando de la manera de mantener alta su moral cuando sus planes se desvían o si hacer que llegue la suerte le está costando más de lo que a usted le gustaría. En ocasiones tendrá que aprender a esperar. Crear suerte también es cuestión de saber cuándo hay que dejar de esperar que suceda algo bueno, tratar de salir lo menos malparado posible y seguir adelante para poder crear suerte en alguna otra cosa.

¿Alguna vez le ha sucedido lo siguiente? Tiene un par de zapatos en su armario que llevan la marca Confort Plus. Parecen extraordinariamente, cómodos y le costaron muy caros. El único problema es que siempre que los lleva le lastiman los pies. Ha estado «adaptando» estos zapatos durante seis meses, imaginándose que al final la incomodidad pasará y harán honor a su nombre. En algún momento, usted abandonará esta fantasía y los regalará a beneficencia.

O puede que sea el tipo de persona que jamás se librará de estos zapatos, decidida a hacer que le vayan bien, por mucho tiempo que tarde en ello. Lorell Holtz-Oxley, una asesora de gestión de Nashville, Tennessee (EE.UU.), se enorgullece de ser tenaz con «T» mayúscula. Bromea y dice:

Mi esposo y yo tenemos un acrónimo que nos gusta tener en boca cuando hablamos de la manera en que hemos conseguido muchas de las cosas que hemos hecho a lo largo de los años. El acrónimo es «DEPA» (demasiado estúpido para abandonar). Nos estamos refiriendo a la perseverancia. Muchas veces he podido conseguir algo, primordialmente, porque me había aferrado a ello más que los demás. Uno de mis empleados me dijo una vez que yo era como uno de esos famosos juguetes Fisher-Price. Los tentetiesos se bambolean pero no se caen. Si se les golpea siguen regresando.

Bueno, pero verá, hay una gran diferencia entre persistir cuando está uno amoldando el par de zapatos adecuados y andar por ahí con unos zapatos que nunca le irán bien por muchos esfuerzos que haga. Podría tratarse de un mal matrimonio, una comunidad espiritual a la que pertenece por la fuerza de la costumbre pero que no hace nada bueno por su corazón ni por su alma, o un nuevo trabajo en el que usted se sigue sintiendo incómodo casi seis meses después de empezar. Es posible que haya intentado trabajar por su cuenta y que, después de dos años, esté en quiebra y cansado y pensando en volver a un trabajo por cuenta ajena.

La paciencia es la hierba antes de que se convierta en leche.

ANÓNIMO

June es una mujer que trabaja por su cuenta y que me contrató para que la ayudara a cambiar, completamente, su desfalleciente negocio. En nuestra primera sesión de entrenamiento me quedó terriblemente claro que June encajaba muy mal con el negocio que había elegido. No le dije lo que ella quería escuchar. Quería que yo le diera la fórmula mágica para hacer lo que fuera necesario para tener éxito, pero no estaba dispuesta, o no era capaz, de hacer lo que el negocio exigía. Quería la libertad de ser su propia jefa sin hacer el trabajo emocional necesario para salir de su zona de confort y entrar en las ventas, algo que ella aborrecía. Cuando le dije que quizá debería cerrar el negocio y conseguir un trabajo, se me puso desafiante. Yo pensé: «¡Bien! Si se enfada conmigo es posible que eso encienda una hoguera bajo sus pies y la impulse a la acción». Se la podía motivar por medio del: «¡Te demostraré que estás equivocada!».

No funcionó. Por muchos entrenadores que contrató no pudo hacerlo y, probablemente, nunca podrá. No se trata de un juicio negativo sobre June. Lo que sucede es que trabajar por cuenta propia no era lo indicado para ella y se estaba perdiendo todas las oportunidades que podían haberla estado esperando en la fuerza de trabajo.

Aferrarse demasiado a algo es tal mortal para la suerte como abandonar demasiado pronto. ¿Qué es lo que está tolerando y que no debería tolerar más? ¿Qué es lo que sabe que debe hacer pero que ha tenido miedo de hacer? ¿Qué errores ha cometido que debe remediar reconociendo la derrota y siguiendo adelante? El éxito y el fracaso sólo pueden interpretarse con el tiempo. Su mayor «fracaso» puede convertirse en el acontecimiento que le conduzca a su mayor éxito, pero sólo si sigue usted avanzando.

La rigidez le saca del flujo del serendipismo.

Diario de la suerte: ¿es hora de abandonar?

¿Cómo sabe cuándo debería cuadruplicar su determinación para superar la incomodidad y cuando ha llegado el momento de abandonar y pasar a alguna otra cosa? Averiguarlo es un arte. He aquí diez preguntas que debería responder:

1. ¿Es habitual que abandone demasiado pronto? ¿Necesita aprender a aguantar?

2. ¿Es habitual que siga demasiado tiempo en algo que no funciona o no va bien? ¿Necesita aprender a marcharse?

3. ¿Existe alguna evidencia de la que situación está mejorando y vale la pena salvarla?

4. ¿Qué es lo que su intuición le dice que haga, cuando es usted honesto consigo mismo?

5. ¿Esta situación está consumiendo su energía y le bloquea, impidiéndole que cree resultados positivos en su vida?

6. ¿Qué es lo que los miembros de su familia y sus amigos íntimos piensan que debería hacer usted?

7. ¿Qué es lo que haría si no tuviera miedo de parecer un fracasado?

8. Si no estuviera invirtiendo su tiempo y energía intentando hacer que esto funcionara ¿qué es lo que haría?

9. Si se aferra a ello, ¿qué es lo que puede perder? ¿Qué puede perder si pasa a otra cosa? ¿Qué es peor?

10. ¿Está intentando la misma cosa, una y otra vez, sin ningún resultado nuevo?

Si tuviera que determinar que lo que se requiere es persistencia y no abandonar, recuerde lo siguiente: abandonar su enfoque actual para encontrar un nuevo modo de hacer aún puede ser sabio o, sencillamente, esté dispuesto a esperar un poco antes de que aparezca una solución mejor. La persistencia no significa lo que el doctor Lloyd Thomas, asesor personal y psicólogo, cita como locura:

> El otro día estaba observando a un niño que jugaba con cubos de construcción. De hecho estaba intentando poner un cubo cuadrado dentro de un agujero redondo. Cada vez que el intento no tenía éxito, golpeaba con más fuerza la tabla con el bloque. Al final lanzó el cubo al suelo y dejó de jugar con ellos. Ese niño de tres años se comportaba de acuerdo con el antiguo proverbio que yo he acuñado, recientemente: «Si al principio no tienes éxito, toma un martillo más grande, pruébalo con más fuerza y luego lanza el martillo al otro lado de la habitación».

Una definición de «demencia» es la de que se hace la misma cosa una y otra vez y se esperan resultados diferentes. Cuando nos enfrentamos a un problema es frecuente que intentemos solucionarlo de una manera singular. Cuando esa manera no funciona, aplicamos aún más energía o fuerza a esa misma «solución».

Nos sentimos frustrados, invertimos más energía intentando llegar por fuerza a la misma solución —exactamente la misma—, lanzamos la solución y abandonamos del todo la tarea, mientras murmuramos para nosotros algo como: «De todos modos, esa maldita y estúpida tarea no valía la pena». Este enfoque a la solución de problemas puede volvernos locos.

No hay duda de que hay momentos en que «intentarlo más o con mayor vigor» es apropiado, cuando «no abandonar o no rendirse» o la persistencia nos recompensa con la consecución del éxito. Pero lo más frecuente es que sea más apropiado retroceder, dejarlo estar, desentenderse de ello durante un tiempo y dejar de intentar tanto que algo funcione. Cuando se relaje durante unos minutos es posible que escuche esa pequeña voz interior y un camino diferente se abra y se haga visible con mayor claridad.

Creador de suerte: cree una sensación de urgencia y trate el tiempo como un bien precioso

Si espera a que las condiciones sean perfectas, nunca conseguirá hacer nada. Siga plantando sus semillas porque jamás sabrá cuál de ellas crecerá... quizá lo hagan todas.

ECCLESIASTES

Dar marcha atrás en su enfoque cuando algo no funciona y darse un cierto respiro *no* es lo mismo que utilizar una paciencia interminable como excusa para no hacer unos cambios necesarios. Cuando se está inmerso en una rutina, es difícil superar la inercia y las malas costumbres que le mantienen en un modo de bloqueo de la suerte. En ocasiones no necesita paciencia, lo que necesita es actuar como si cada minuto contara, dejarse de tonterías y «hacerlo» sin más contemplaciones.

Su mente le proporcionará toda clase de excusas para no abandonar ese agujero que ha creado para sí mismo, es oscuro, frío, no da vida, pero es ¡tan familiar! Puede que se diga a sí mismo que lo hará cuando tal y cual cosa suceda, lo que jamás pasa. El miedo, la pereza y el hacer caso omiso de lo corta que es la vida le mantendrán inmovilizado hasta que algo le haga salir a trompicones de la prisión en que se ha encerrado a sí mismo. ¿Se ha fijado en lo motivado que se siente alguien para vivir una auténtica vida después de que le han diagnosticado una enfermedad terminal? No espere que una tragedia de esta clase sea la que cree suerte.

Michael Angier en su boletín por e-mail, *Success Digest*, relata la historia siguiente que sacó de una cinta motivadora de Steve Chandler:

Cuando Anthony Burgess tenía cuarenta años, descubrió que tenía un tumor cerebral y que le quedaban seis meses de vida. Estaba muy disgustado porque no tenía nada que dejarle a su esposa, que pronto se convertiría en su viuda. Decidió escribir, algo que siempre había querido hacer. Los derechos potenciales del libro era lo único que podía dejar en calidad de alguna seguridad financiera para su familia.

Sin seguridad alguna de que jamás se las publicaran, al final del primer año había escrito cinco novelas. Pero no se murió. Su cáncer remitió y luego desapareció completamente.

Durante su larga y plena vida, Anthony Burgess siguió escribiendo más de setenta libros. Sin la sentencia de muerte por el cáncer, es posible que no hubiera escrito absolutamente nada.

Diario de la suerte: ¿si supiera que puedo morirme en un plazo de seis meses, qué es lo que haría de manera diferente?

Usted no necesita una sentencia de muerte para organizar sus prioridades, relacionarse honestamente con sus seres queridos, dejar de perder el tiempo ahogándose en autocompasión y apreciar las bendiciones de la vida que a menudo ignoramos. Puede hacer todo eso en este preciso instante, sin que ningún cáncer o enfermedad terminal se cierna sobre usted.

Haga una lista de las ocho cosas que usted haría de manera diferente en los próximos seis meses, si pensara que esos iban a ser sus últimos días sobre la tierra.

Comprométase a hacer, por lo menos, una de ellas ahora. ¿Por qué esperar?

Si está teniendo problemas para romper un patrón, no intente hacerlo todo de una vez. Limítese a hacer una sola cosa de manera diferente y a medida que empiece a crear éxito, ese éxito le motivará para actuar más.

Ahora pasaremos al capítulo 7 y daremos una ojeada a la manera en que dar y recibir en igual medida, promueve y alienta los resultados positivos en su vida.

7

Dé y reciba en igual medida

Nuestras capacidades para dar y recibir se hallan en el centro de nuestra capacidad de crear y experimentar la verdadera prosperidad. Recibir y dar son energías opuestas que están, inextrincablemente, vinculadas con el flujo natural de la vida, como inhalar y exhalar. Si un aspecto de ese ciclo no funciona, todo el ciclo deja de funcionar y la fuerza de la vida no puede moverse libremente. Si no puede inhalar, pronto no tendrá nada que exhalar y dentro de poco su cuerpo será incapaz de seguir viviendo.

SHAKTI GAWAIN

Destructor de la suerte: no tener en cuenta el poder de dar

Ayer por la noche estaba en una fiesta de la vecindad para conocer a un nuevo vecino y le hice la pregunta habitual de: «Así que ¿cómo te ganas la vida?». Me dijo que es el supervisor de una flota de conductores de camión para una empresa de la localidad. Le comenté: «He oído decir que es un trabajo con mucho trasiego de personal. Debe ser duro dirigir algo así.» Pero él me respondió: «No, tengo suerte. La mayoría de nuestros conductores llevan quince años o más con nosotros.»

Cada vez que oigo la palabra «suerte», mis antenas se ponen en movimiento. Deduje que este tipo y su empresa estaban haciendo algo bien y, por lo tanto, creaban la «suerte» de la poca rotación de personal. Le pregunté al respecto y él insistió: «No, lo que sucede es que tenemos suerte, tenemos un grupo estupendo de empleados.» Le volví a preguntar: «¿Qué es lo que estáis haciendo diferente de las demás empresas de camiones que ayuda a crear esta lealtad tan poco habitual?».

Me respondió: «Bueno, durante la semana enviamos a los hombres a trabajar fuera, pero siempre nos aseguramos de que pasen el fin de semana en casa con sus familias. Conducir camiones es duro para las familias y muchas otras empresas exigen que sus conductores estén fuera los fines de semana. Supongo que ése es el motivo de que nuestros conductores se queden con nosotros durante tanto tiempo. Les gusta el hecho de que no les hagamos trabajar tanto y que les permitamos estar en casa con sus familias.»

Esta empresa estaba recibiendo algo de sus empleados, dándoles algo primero. La lealtad de los empleados *era* suerte y se la habían ganado. La suerte funciona como un bumerán.

Creador de suerte: vivir de acuerdo con la filosofía del bumerán

Preste más servicio de aquel por el que le pagan y pronto le pagarán por más de lo que usted presta. La ley de los «Rendimientos crecientes» se cuida de ello.

NAPOLEÓN HILL

Kelly Boyer Sagert, de Lorain, Ohio (EE.UU.), es la autora de *Bout Boomerangs: America's Silent Sport* y una experta en el arte y el deporte de los bumeranes. Los bumeranes pueden enseñarnos algo respecto a la creación de suerte. Kelly dice:

El viento no es lo que hace que un bumerán regrese. No pueden colocarse cuerdas y el bumerán no debe estar sobrecargado con demasiadas cosas. Sencillamente, ofrézcale su mejor lanzamiento y luego deje que el bumerán tenga la libertad de realizar su propio y perfecto círculo. La filosofía del bumerán nos enseña que, en conjunto, aquello que usted lanza en la vida, al final vuelve.

Le pregunté a Kelly de qué manera pone en práctica esta teoría en su vida diaria. Me dijo:

A fin de crear suerte, hago favores con tanta frecuencia como los pido y dejo que los amigos y la familia hagan cosas por mí, incluso cuando me muero de ganas de hacerlas yo misma. Ofrezco tiempo de voluntariado en escuelas, bibliotecas y organizaciones cívicas. Recuerdo cuando quería, desesperadamente, ver mi obra publicada y ofrezco el consejo y el aliento que hubieran representado una gran diferencia para mí.

La creación de suerte exige tanto que se dé y se ofrezca ayuda —el lanzamiento perfecto— como que se reciba, o sea recibir el bumerán cuando regresa. Si sólo se da pero no se permite recibir, es como si lanzara el bumerán tan lejos como le fuera posible, pero nunca volviera a usted. Eso no se considera un lanzamiento de éxito. Y la gran satisfacción que da lanzar un bumerán es, en realidad, el contemplar como regresa a su mano después de que se le haya soltado. De eso es de lo que va la creación de suerte. Piense en ello por un momento, ¿qué es la suerte, en realidad, sino recibir una bendición de alguna clase? Si no puede usted recibirlo «no tiene suerte». ¿Y de dónde proceden tantas de nuestras bendiciones? De dar.

Bloqueador de la suerte: contemplar a la suerte con las gafas de un miope

Conseguirá lo que quiera de la vida si ayuda a la gente suficiente a conseguir lo que quiere.

ZIG ZIGLER

Con frecuencia, en el momento en que ayude a alguien no sabrá de qué manera sus acciones se traducirán, al final, en suerte para usted. Al igual que sucede cuando se lanza un guijarro en un lago, su energía va haciendo ondas en la superficie y toca cientos de vidas. De dónde, exactamente, surgirá su suerte nadie lo sabe en realidad, hasta que sucede.

Si es usted miope puede que diga de algún acto altruista: «¿Por qué debería hacer esto? ¿Qué bien va a hacerme?». Imagínese que le dan un guión para una película. Se trata de una trama retorcida que hace que el público se pregunte qué les va a suceder a los personajes principales. Al final, como cualquier buena historia, todo encaja y el público está encantado de ver la manera en que los acontecimientos del primer acto preparan el escenario para el drama del segundo acto, que entonces se soluciona en el tercer acto. Incluso puede haber un final sorpresa que nadie vio venir.

Si, en su vida, todo lo que puede ver es el primer acto, carece usted de fe y de visión de que en el segundo y tercer acto comprenderá la manera en que esta producción de energía la beneficiará. La suerte se da a conocer de maneras misteriosas que no siempre sabrá usted al principio. Con frecuencia no se trata de golpe por golpe, o sea, de un intercambio justo y cabal: «Yo hago esto por ti y luego tú haces esto por mí».

Puede ser algo más parecido a lo siguiente:

Dedica usted tiempo a dar unos cuantos consejos de negocios gratuitos. En el transcurso de su conversación, la persona a la que ayuda se entera de que usted se toma en serio el juego del bádminton, porque lo utiliza como una metáfora de algo de lo que explica. Al cabo de quince minutos termina la conversación y, a partir de ese momento, no siguen en contacto.

Seis meses más tarde la persona a la que ayudó se vuelve a poner en contacto con usted para presentarle a una nueva amiga que también practica el bádminton. Le da su número de teléfono y usted la llama. Ella le dice que forma parte de un *chat* cuyos miembros se toman en serio el mejorar su juego de bádminton. Le anima a que se una al grupo y usted lo hace. Un año más tarde conoce a un tipo realmente interesante en el *chat* y empiezan a compartir historias y trucos de bádminton y a partir de ahí todo se pone en marcha. Se enamoran y se casan.

La cadena de acontecimientos que condujo al matrimonio empezó con un acto altruista en favor de una persona que no juega al bádminton y ni siquiera conoce al hombre que se convierte en el novio. La persona a la que se ha ayudado se siente en deuda y cuando, varios meses más tarde, conoce a alguien que tiene la misma afición tan poco habitual, está encantada de pagar la deuda reuniendo a los dos aficionados al bádminton. El resto, como se acostumbra a decir, es historia.

Si fuera usted soltera y recibiera una llamada de teléfono que pidiera asesoría para un negocio y pudiera ver en el futuro que, si atiende esa solicitud, llegará en última instancia al «señor Maravilloso», puede que aún fuera más entusiasta a la hora de dar lo que se necesitaba.

El truco para crear suerte es que tiene que entregarse a sí misma sin disponer de esa bola de cristal y sin saber cómo o si la suerte volverá a usted pero confiando en que si es una persona amable y que ayuda a los demás, las bendiciones, como el bumerán, al final, regresarán a usted.

Diario de la suerte: cuando la suerte empezó
con un regalo y tardó su tiempo en fabricarse

Piense en un cambio afortunado que haya conseguido en su vida y cuya pista llega hasta un acto de dar a pesar de que no, directamente o inmediatamente, después del momento en que dió usted. Podría tratarse de cualquier cosa de las siguientes:

1. La persona o la gente a la que dio devolvió el favor mucho más tarde.

2. La persona o la gente a la que dio la puso en contacto con otra persona que fue su amuleto de la suerte.

3. El acto de dar le cambió de una forma positiva. Al transformarse así fue atraído a nuevas circunstancias, o se unió a un club nuevo, o a algo que aportó algo positivo a su vida.

4. El acto de dar algo hizo que abandonara algo que estaba bloqueando la suerte e impedía que entrara en su vida.

5. Otra cosa.

Para ilustrar este punto he aquí una historia que pertenece a mi vida:

En el verano de 1994 necesitaba encontrar un agente literario que me representara para mi primer libro, *Honey, I Want to Start My Own Business: A Planning Guide for Couples.* Al ser una autora novel se trataba de una tarea desafiante.

Precisamente, cuando terminé de crear una propuesta de libro y estaba a punto de empezar la búsqueda de un agente literario, una mujer llamada Maggie Klee Lichtenberg telefoneó a mi casa en Boston, y me dijo que se lo había recomendado un conocido de ambas de Nueva York. Maggie era una mujer de unos cincuenta años que era, relativamente, nueva en Boston y estaba buscando nuevos amigos que tuvieran una mentalidad espiritual parecida. A pesar de que entre nosotras había una diferencia de veinte años, su conocida en Nueva York con quien yo había coincidido, brevemente, en un seminario, pensó que yo podía ser la clase de persona que Maggie quería conocer. Maggie también esperaba que pudiera presentarle algunos de mis amigos en la zona.

Maggie y yo nos reunimos varias veces para comer y me pareció absolutamente deliciosa y nos hicimos amigas. Cuando nos encontramos por primera vez yo no sabía que «resultaba» que trabajaba para una editorial importante como directora de marketing y que llevaba veinticinco años en el campo editorial. Después de que nos fuimos conociendo, Maggie se ofreció a ayudarme a encontrar un agente literario y a través de su red de trabajo en el sector editorial, me condujo hasta mi primer agente.

Me alegro de que este poco de suerte no se presentara inmediatamente, después de conocer a Maggie. En el mundo competitivo editorial, Maggie estaba acostumbrada a que la gente quisiera utilizarla por sus conexiones. Yo disfruté ayudándola como amiga y sólo más adelante me alegró comprobar que el serendipismo me había visitado, llevando a un experto en edición hasta mi puerta cuando yo podía beneficiarme de sus conexiones literarias.

Destructor de la suerte: la obsesión por conseguir deja poco tiempo o interés para dar

¿Qué hubiera pasado si yo hubiera sido descortés con Maggie cuando ella llamó o no hubiera seguido ayudándola? ¿Qué hubiera pasado si me hubiera enterado enseguida que Maggie estaba en el mundo de la edición y le hubiera pedido su ayuda demasiado pronto? ¿Qué hubiera pasado si no me hubiera comportado como la clase de persona con quien Maggie se sentiría cómoda recomendándola a su red de trabajo? Como sea que yo había empezado nuestra relación dándome a Maggie como amiga, en lugar de concentrarme en aprovecharme de sus contactos, acabé recibiendo exactamente lo que necesitaba.

«Amar» es ser humano. «Ser amado» no es otra cosa más que una estatua, admirada y alabada pero, sin embargo, un objeto pasivo. Amar a los demás y darles placer nos proporciona un sentimiento de nuestro propio valor, de realización por haber ayudado a que este mundo fuera un lugar mejor. Llena nuestros días con significado y alegría.

Sin embargo, en la práctica, tenemos tendencia a invertir gran parte de nuestras energías en «ser amados». Ponemos un esfuerzo indecible en el aspecto que presentamos, en el lugar en que vivimos y el coche que conducimos. Todo cosas que tienen que ver con conseguir gustar a los demás, en lugar de ser nosotros los que mejoremos las vidas de los demás.

Aún hay algo más grande que la experiencia de «ser amado», aún más grande que colmar los deseos propios. ¿Cuál es esa experiencia más grande? Emular a Dios, olvidarse de uno mismo, ser activo y actuar para los demás. Ser alguien que da.

Tal como enseñan estas frases, un impulso de adquirir y el «concentrarse en uno mismo» es algo que satura de tal modo nuestra sociedad que todos caemos bajo su hechizo. Pero ¿cuántas Madres Teresa ha conocido últimamente? Aleccionarle respecto a la necesidad de salir del materialismo centrado en uno mismo no funcionará, ya que su inteligente ego bloqueará lo que estoy diciendo ahora mismo y le ofrecerá un montón de excusas racionales. A menos que entre en un camino espiritual que le convenza de que la sencillez y el servicio son la manera de actuar y que abandone de buena gana su vida anterior y se sumerja en este nuevo estilo de vida, lo más probable es que luche como la mayoría de nosotros para equilibrar el deseo de complacerse a sí mismo con el compromiso de servir a los demás.

Sugiero el siguiente creador de suerte para que le ayude a cambiar a una conducta de dar más con la que su ego coopere.

Creador de suerte: dé a fin de conseguir

Un árbol con unas raíces fuertes puede soportar la tormenta más violenta, pero lo que no puede hacer el árbol es hacer crecer las raíces, precisamente, cuando la tormenta aparece en el horizonte.

DR. HOWARD CUTLER

Las motivaciones egoístas para dar son absolutamente humanas y creo que son mejor que nada, así que a ello. Puede darse a sí mismo por las clases siguientes de razones egoístas:

- Para tener una comunidad de seres queridos que le cuide cuando usted o su familia tengan necesidad de ello.
- Porque hace que se sienta bien consigo mismo.
- Porque cree que si sigue una ley espiritual respecto a dar, recibirá más bendiciones de Dios en esta vida, o después de morir.
- Porque hace que se sienta más cerca de Dios.
- Porque la investigación ha demostrado que el trabajo periódico de voluntariado incrementa la esperanza de vida y la vitalidad general.

- Porque aleja su mente de sus problemas o le ayuda a mantenerlos en perspectiva.
- Porque le encanta ver su nombre en una placa en la pared. Hace que se sienta orgulloso.
- Otra (escriba su propia razón).

Ya puedo escuchar las protestas: «No, debe usted dar, limpiamente, sin condiciones, sólo por la alegría de dar. Cuando esté dando no debe pensar en recibir nada, de lo contrario no está dando en realidad». ¡Chorradas!

Siga la jerarquía de Maimónides para hacer caridad. En el escalón más bajo se encuentra el entregar de mala gana cinco pesetas cuando una persona sin hogar le suplica que se las dé. Luego pasa a dar libremente de persona a persona cuando nos lo piden, luego cuando no nos lo piden, y luego a dar anónimamente para proteger la dignidad del receptor, al escalón más alto, que es ayudar a la gente necesitada a ser autosuficiente a fin de que no tengan que volver a pedir ayuda.

Maimónides no dice: «A menos que puedas dar de forma anónima, sin que te lo pidan y sin que te den las gracias, no lo hagas». Su libreta de notas espiritual podría ser mejor si su ego no estuviera inmovilizado y restringido a recibir algo a cambio, pero la mayoría damos porque nos hace sentir bien, o porque esperamos recibir algo por haber dado. Está bien. La cosa es dar, sean cuales sean las razones que tenga para ello.

> En cualquier momento en que se encuentre angustiado por algún problema recurrente de su vida, haga un plan para ser de utilidad a alguien, en su vida o en su comunidad, que necesite ayuda o compañía. La próxima vez que se presente el problema, comprométase a pasar tanto tiempo haciendo este servicio como el que acostumbraba a pasar con el problema.
>
> BILL O'HANLON

Bloqueador de suerte: cuando el dar para conseguir algo se vuelve manipulador

Mi afirmación de que está bien dar por razones egoístas va acompañada de un aviso. A pesar de que es casi imposible dar sin condiciones si no procede usted de un lugar compasivo y centrado en el corazón y su donación es, concienzudamente, manipuladora, a la larga no le traerá mucha suerte.

Algunos expertos sugieren que la suerte puede crearse haciendo ver que se es vulnerable y se necesita ayuda, porque al hacerlo así conseguirá usted apoyo. La idea es que tendrá suerte si se rodea de gente que quiere ayudarle porque usted la ha engañado para que piense que necesita ayuda.

Pedir ayuda y darla es la clave para atraer a todo un conjunto de gente que le ayudará a crear suerte. Ninguna estrategia de creación de suerte debería tener como base la manipulación y el engaño o la superchería.

He aquí algunas reglas de creación de suerte respecto a dar:

1. Dé por razones egoístas pero no pida nada a cambio a menos que se trate de una transacción clara de negocios.

2. Dé desde el corazón o la conciencia, no sólo desde su mente.

3. Nunca dé nada bajo falsos pretextos a fin de poder manipular a alguien para que le dé algo que, normalmente, no le daría.

4. Sea fiel a sí mismo y honesto en todas las interacciones.

5. No dé más de lo que sea capaz de dar sin resentimiento.

6. No enfoque el dar como si fuera un contable, llevando la cuenta del debe y del haber. El abono correspondiente a su haber puede aparecer dentro de mucho tiempo.

7. En ocasiones dé sin que le pidan. Si le piden, proteja la dignidad del que lo hace respondiéndole con un deseo genuino de ayudar en lugar de como si le hubieran coaccionado. «Sí claro que puedo ayudarte...» en lugar de «De acuerdo, si tengo que hacerlo, lo haré».

8. Dé cuando tenga necesidad de que le recuerden lo mucho que tiene. Haga donaciones para caridad cuando esté preocupado por el dinero. Ofrezca sus habilidades como voluntario cuando sea consciente de que carece de un título universitario y necesite recordar lo valiosos que son sus conocimientos. Dé cuando note que necesita que su energía deje de regodearse en sus debilidades y miedos y pase, en cambio, a apreciar sus potencias y abundancia.

Creador de suerte: integre unos comportamientos que incluyan la facilidad de dar en su vida diaria

Hay gente que se vuelve generosa y hace donaciones de caridad el 20 de diciembre de cada año, cuando necesita un par de deducciones de impuestos. Es mejor que nada, pero atraerá más suerte si la generosidad se convierte en una constante de su vida durante todo el año. Puede que se sienta ya abrumado por las exigencias que se hacen a su tiempo y a sus ingresos. «¿Cómo voy a encajar el trabajo de voluntario en un horario que ya es casi un caos?», se pregunta. Puede que afirme: «Si casi no tenemos dinero suficiente para pagar todas las facturas».

Hacer de voluntario para su comunidad es una contribución noble e importante. Dar dinero para caridad es sensacional. Pero incluso sin dinero y tiempo que dar, puede ser una persona generosa. Hay gente que es amable y compasiva por naturaleza y para ellos, cada día es un día de dar.

He aquí una serie numerada de sugerencias sobre cómo añadir actos de amabilidad y de conducta dadivosa a su vida diaria. Añada 20 ideas propias y elija una o dos nuevas para probarlas.

Haga las pequeñas cosas con mucho amor.

MADRE TERESA

1. Recoja alguna basura y tírela.

2. Busque la manera de hacer una cosa amable diferente y al azar cada día.

3. Exprese afecto a sus seres queridos con un e-mail, una nota amorosa, un abrazo o cualquier otro pequeño gesto.

4. Sea amable con un televendedor.

5. Compre cosas a una tienda o página web que haga donaciones de caridad.

6. Cuando haga pasteles o galletas, haga algo extra para un vecino.

7. Telefonee durante cinco minutos al día a un anciano inválido o que casi no salga de casa, sólo para asegurarse de que se encuentra bien.

8. Hágale un cumplido a alguien, aunque se trate de un extraño.

9. Dígale a un compañero de trabajo o a un empleado aquello que aprecia de él.

10. Invite a cenar con usted y su familia a alguien que viva solo.

11. Ofrézcase a hacer de canguro a una pareja que no sale lo suficiente.

12. Compre números del sorteo para el viaje de fin de curso de los hijos de sus vecinos cuando se lo pidan.

13. Cuando coma fuera deje una propina mayor de lo normal.

14. Compre un ramillete de rosas para llevar en la solapa y póngaselo a la maestra de sus hijos.

15. En un restaurante, párese al lado de la mesa de una familia cuyos niños se están comportando bien y felicite a los niños y a sus padres.

16. Guarde unos cuantos globos sin inflar en su cartera y sáquelos si se encuentra en un lugar en el que una madre está intentando controlar a un niño intratable.

17. Cuando esté limpiando la entrada de su casa, haga lo mismo con la del vecino.

18. Tenga a mano un montón de tarjetas de «Gracias» ya franqueadas y cuando alguien tenga una amabilidad con usted, añádale una nota de su puño y letra y envíela por correo antes de que se olvide o tenga tiempo de arrepentirse.

19. Lleve a su mascota (siempre que esté bien educada) a visitar a una persona anciana.

20. Cuando una ambulancia o un coche de bomberos pase por su lado, rece por la persona enferma o lesionada, por los médicos y por la familia de la víctima.

21. Deje un ramo de flores en un asilo o residencia de ancianos, solicitando que se lo den a alguien que no tenga muchos visitantes o que no tenga ninguno.

22. Lleve consigo un mapa adicional para que cuando dé instrucciones a turistas para llegar a algún sitio, pueda marcárselo en el mapa y regalárselo.

23. En los días ardientes del verano tenga a punto un refresco para los visitantes y/o para el chico que le lleva el pedido del supermercado.

24. Lleve sopa de pollo —hecha en casa o de un restaurante— a un amigo o vecino enfermo.

25. Pague la autopista por el conductor que va detrás suyo.

26. Permita que un conductor se incorpore al tráfico.

27. Llame a su familia sólo para decirles hola.

28. Llame al profesor de su hijo, sin venir a cuento, y dele las gracias por sus contribuciones positivas a su vida.

29. Llame al entrenador de fútbol/baloncesto/natación (el deporte que sea) de su hijo sin motivo alguno y dele las gracias por sus contribuciones positivas a su vida.

30. En un restaurante, después de comer, apile sus platos de manera limpia para que a su camarero le sea más fácil dejar limpia la mesa.

31. Recomiende a un amigo o colega para un trabajo *freelance* o para un puesto de trabajo.

32. La próxima vez que pase por un lugar de oración, ponga algo de dinero en el cepillo.

33. La próxima vez que compre flores, dele una al primer extraño con el que se cruce.

34. Deje que la persona que está detrás suyo en la cola de la tienda de comestibles pase delante.

35. Haga de mentor a un recién salido de la universidad.

36. Pídale a una persona anciana que le cuente recuerdos de su infancia y escríbalo como si fuera historia oral.

37. Perdone algún daño.

38. Coloque, sin que lo vea, una nota que diga: «Te quiero» en la caja del desayuno de su hijo o en el limpiaparabrisas de un amigo.

Diario de la suerte: debo comprender mi conducta dadivosa

Para ayudarle a determinar cuál es ahora su conducta dadivosa y la manera en que puede querer cambiarla, dedique unos momentos a responder las preguntas siguientes:

1. ¿Qué le motiva para dar y a quién?

2. ¿Qué es lo que hace que deje de dar?

3. ¿Qué clase de actividades de donación le proporcionan mayor alegría?

4. ¿Qué tipo de donaciones hace que se sienta quemado y resentido porque da demasiado o sólo lo hace por obligación o bajo coacción?

5. ¿Cree que necesita incrementar o reducir su conducta de donación?

6. ¿De qué manera podría hacer que su conducta de donación fuera más alegre y tuviera más significado?

7. ¿Qué pequeños incrementos en su conducta de donación le gustaría intentar, empezando hoy mismo?

8. ¿Cómo puede dar a sus hijos unas lecciones útiles sobre el tema de dar?

9. ¿De qué manera le ha traído suerte el dar?

Bloqueador de la suerte: dar demasiado

Respetarse y honrarse usted mismo es el mayor regalo que puede hacerle a otra persona.

CHERYL RICHARDSON

Una mañana quedé consternada al descubrir que tenía una rueda pinchada después de que mi coche hubiera pasado la noche en el garaje. Una vez que hube llamado al servicio de reparaciones, el culpable se hizo evidente. Había pasado por encima de un tornillo gigantesco que había dejado salir, rápidamente, el aire de la enorme rueda de mi Ford Expedition. Tuve suerte de llegar a casa en buen estado.

Hace poco, la señora que acostumbra a llevar a mis hijas a la escuela me llamó a primera hora de la mañana para decirme que ese día no podría llevarlas. Acababa de descubrir que su coche tenía una rueda pinchada. Cuando le pregunté por ello al día siguiente, me dijo: «El mecánico me dijo que en realidad se trataba de un escape lento que, probablemente, llevaba allí un montón de tiempo. Al final se volvió tan malo que hizo que la rueda se quedara sin aire».

Usted puede tener una rueda pinchada física o espiritual que bloquee y destruya la suerte de su vida de una manera muy parecida. Hay gente que sufre de repente una crisis médica que les obliga a guardar cama, o a acudir al hospital, cambiando su rutina de manera espectacular. Otros se desgastan, lentamente, hasta que se vuelven irritables, tienen mal genio y es desagradable estar a su lado. Ya no pueden dar nada más de sí porque están demasiado exhaustos o resentidos. Comen y fuman excesivamente, ven demasiada televisión, duermen demasiado o demasiado poco. Bloquean a su suerte porque el cinismo y la rabia infiltran su mente o están demasiado cansados para aprovechar las oportunidades.

Las mujeres, en particular, se exigen ser estaciones de servicio que están abiertas las 24 horas y que son incapaces de decirse «Sí» a ellas mismas y eso quiere decir «No» a otra persona. Esta clase de conducta, aparentemente altruista, las perjudica porque, al final, están demasiado quemadas para dar nada en absoluto.

Fíjese en que el título de este capítulo es «Dar y recibir en igual medida». La creación de la suerte exige tanto generosidad como amarse uno mismo. Significa que hay que aprender a cuidarse uno mismo para encontrarse en su mejor estado tanto físico, como mental y espiritual. Si en este capítulo nos concentramos en «dar», la creación de suerte también exige que se dé a sí mismo. No sólo como una idea tardía, sino incluso poniéndose usted primero en la lista.

Diario de la suerte: ¿cómo me doy a mí mismo?

Reflexione en las declaraciones siguientes que anotará en su diario de la suerte:

1. Las actividades siguientes me ayudan a relajarme y a soltarme:

2. Me cuido a mí mismo haciendo lo siguiente:
3. Me cuido a mí mismo *no* haciendo lo siguiente:

4. Cuando en mi vida me enfrento a una crisis que exige vigor y resistencia, me refuerzo:

5. Uno de mis placeres secretos es:

6. No cuesta mucho y me hace sentir bien:

7. Me concedo un descanso del trabajo de la semana al:

8. Me mantengo sano haciendo, o no haciendo:

9. Alimento mi alma:

10. Sigo conectado con los amigos por medio de:

Creador de suerte: recibir sin sentir culpa

No es saludable dar hasta que nos sintamos utilizados, agotados y vacíos. Dar de este modo puede estar lleno de hostilidad, resentimiento, ira y del mensaje no hablado: «¡Ahora me posees!». Esto no es amor, es un cambalache. Amamos mejor partiendo de una sensación de desbordamiento.

SUE PATTON THOELE

Hay personas, especialmente mujeres, que son terribles en cuanto a mimarse. Otras han aprendido lo importante que es para su bienestar que se cuiden, y por lo tanto eso está bastante bien integrado en sus vidas. Aprender a aceptar el amor y una conducta generosa de los demás, es toda una cuestión diferente.

La persona que no puede recibir o que no quiere, no es un santo. Recibir le hace a uno vulnerable. Para algunas personas es más fácil estar en la posición de poder del que da, creándose obligaciones consigo mismas, que sentirse en deuda. Levantar un muro y hacer ver que se es autosuficiente es muy tentador. De esa manera nunca tendrá que descubrir que sus necesidades no pueden ser atendidas o que alguien puede desengañarle. Depender de otras personas puede hacer que sienta que no tiene el control.

Y sin embargo, ¿no es el ceder el control lo que nos trae el serendipismo? La creación de suerte sólo es buena planificación, en parte. Los momentos de coincidencia, las conexiones que se hacen cuando alguien a quien usted conoce se encuentra con otra persona a la que se supone que debería conocer, la manera en que sus acciones encuentran un eco muy lejos de donde se iniciaron, éste es el universo en que está usted viviendo.

Para crear suerte, debe ser fluido, espontáneo y vulnerable. Para ampliar su red de gente que le quiera debe permitir que le amen. La gente tiene tanta necesidad de darle, como usted tiene de recibir. La gente necesita sentirse como si hubieran pagado su deuda con usted.

El universo recompensa más y mejor a una mano abierta que a un puño cerrado. Dios también quiere darle a usted.

Diario de la suerte: ¿qué es lo que me impide recibir?

Si quiere abrirse más para recibir suerte de Dios, del universo o de la gente, examine el cómo y el por qué puede que esté usted bloqueándose a la recepción:

1. ¿Qué es lo que sucedió en su vida que hizo que se cerrara a recibir?

2. ¿Qué recompensas a corto plazo recibe al no permitirse recibir de los demás?

3. ¿Qué es lo que hay de amenazador en recibir?

4. ¿De qué manera ha excluido de su vida a la clase de gente que puede darle?

5. ¿Cómo empieza el donante, y no el receptor, a hacer que se sienta usted seguro y poderoso?

Diario de la suerte: ¿de qué manera puedo abrirme más para recibir?

¿Qué acción o acciones puede hacer hoy para abrirse más, para recibir dones de ayuda material, contactos correctos y amor, tanto de la gente como de Dios?

La suerte está llamando a su puerta. ¿Qué es lo que se necesita para que abra usted esa puerta?

Ahora pasamos a la última de las ocho estrategias creadoras de suerte de este libro, que es concentrarse en lo positivo. Cuando ponga su atención en lo afortunado que es, lo será más y más y cada vez más. La manera en que funciona es sorprendente.

8

Concéntrese en lo positivo

Prométase que va a ser tan fuerte que nada va a molestar su paz mental.
Que hablará de salud, felicidad y prosperidad con cada persona que se
encuentre. Que hará que todos sus amigos se sientan como si tuvieran algo
en ellos. Que se fijará en el lado bueno de todas las cosas y hará que su
optimismo se convierta en realidad. Que pensará únicamente en lo mejor,
que trabajará sólo para lo mejor, y esperará sólo lo mejor. Que estará tan
entusiasmado con el éxito de los demás como lo está del propio. Que se
olvidará de los errores del pasado y seguirá adelante hacia los mayores
logros del futuro. Que mostrará una expresión alegre en todo momento y
que ofrecerá una sonrisa a cada persona viviente con que se encuentre.
Que invertirá tanto tiempo en mejorar que no lo tendrá para criticar a los
demás. Que será demasiado grande para preocuparse, demasiado noble
para sentir ira, demasiado fuerte para tener miedo y demasiado feliz para
consentir que se presenten problemas.

EL CREDO DE «OPTIMIST INTERNATIONAL»

Creador de suerte: tenga una expectativa positiva para su vida

Abraham Lincolm dijo en una ocasión: «Las personas son tan felices
como hacen que lo sean sus mentes.» De manera similar, la gente es casi tan
afortunada como espera ser.

Cuando espera tener un desengaño, lo tiene. Cuando espera estar satisfecho, lo está. Es usted el que crea la vida que se imagina para sí mismo.
¡Es *tan* fácil quedar atrapado en un círculo vicioso! Le sucede algo desafortunado y empieza a decir que no tiene suerte: «Todo lo que toco se vuel-

ve...». Y luego, como usted cree que eso es cierto, sucede así, lo que le sirve de prueba para decir que tenía razón respecto a su mala suerte. Y así, sucesivamente....

Para crear suerte en su vida usted no sólo debe desearla, creer que es posible tener suerte y trabajar para conseguir tener buena suerte, sino que también debe esperar con todas sus fuerzas que la recibirá. Así, cuando todo marche bien en su vida, su reacción será de gratitud y: «Por supuesto, sabía que saldría así.» Incluso si no siempre estuvo seguro de *cómo* funcionaría, sabía que lo haría.

Seguirá sintiéndose asustado, enfadado y dubitativo, pero sólo durante un tiempo corto. Cuando el ascensor se pare en esos pisos, apriete rápidamente los botones que harán que siga adelante hacia su fe, su confianza y su conocimiento intuitivo. No se quede jamás atascado en un estado emocional que bloquee a las oportunidades positivas e impida que lleguen hasta usted.

Usted sabe, y ese conocimiento procede de un lugar más profundo que su mente, que cuando coopere con las leyes universales de la prosperidad y el bienestar espiritual, el universo cuidará de usted. Su esperanza de resultados positivos no procede de la arrogancia y una importancia egoísta como: «¡El universo se cuidará de mí porque soy tan importante! ¡Y además me lo merezco!». Su fe y sus esperanzas positivas se originan en un lugar mucho más tranquilo que se encuentra en su alma. Un conocimiento de que no está solo, que el mundo es abundante, que Dios es bueno y que usted *puede* crear su propia suerte.

El camino es misterio y ese misterio es un regalo. Si queremos de verdad que todas las cosas sean nuevas, hemos de aceptar el misterio, repleto como está de sorpresas, perplejidad y un cierto nivel de miedo. El miedo no debe paralizarnos: puede ser un punto de nerviosismo y excitación enraizado en una confianza profunda. Hemos de recordar cuando nuestros abuelos nos hacían saltar en sus regazos, teníamos miedo pero estábamos excitados y llenos de confianza.

CAROL OCHS Y KERRY M. OLITZKY

Creador de Suerte: busque lo que tiene de bueno

La mayoría de personas afortunadas no sólo reciben más buena suerte, sino que le dan un giro positivo a todo. Lo que algunas personas podrían considerar como desafortunado, ellos dirán que, al final, resultó afortunado. «Fui un tonto al dejarme atrapar por el tráfico de la mañana y llegar tarde a la reunión, pero me alegro por haber podido oír ese informe sensacional en la radio sobre las madres que trabajan.» En pocas palabras: «No hay mal que por bien no venga».

Puede aprender a poner en práctica el más sencillo y puede que el más potente de todos los principios de creación de suerte de los que se habla en este libro: fijarse, apreciar y buscar las experiencias afortunadas que no buscaba en su vida diaria. Hacer eso aumentará con toda seguridad la conciencia de su buena suerte y también aumentará la probabilidad de que se produzcan.

Conseguirá más de aquello a lo que preste atención. Es un principio universal.

Los creadores de suerte son los proverbiales fabricantes de limonada. Un buen número de sus historias de «suerte» tienen su origen en algo que nosotros consideraríamos que es un acontecimiento desafortunado. Se puede responder a las penas y privaciones de la vida utilizando tres estilos básicos. ¿Cuál es el suyo?

1. Destructor de la suerte: ser una víctima perpetua

Un hombre ya está medio derrotado en cuanto empieza a sentir lástima de sí mismo, o se detiene para preparar una coartada a la que echarle la culpa de sus defectos.

NAPOLEÓN HILL

Usted sabrá que acaba de conocer a gente de la primera categoría de víctimas y pesimistas si evita hacerles esta sencilla pregunta: «Hola, ¿cómo estás?». A usted le gustaría ser amistoso o servir de ayuda, pero lo que recibe es un chaparrón respecto a lo horrible que es todo en su vida, que nada de ello es culpa suya y lo injusta que es la vida. Se dedican a sentir pena de sí mismos y a ganar su simpatía. El resultado es que acaba usted por evitar a esta clase de personas porque conversar con ellas le deprime y además no hay forma de conseguir que la conversación sea corta. Una vez que tienen cautiva a su audiencia no la dejan ir y por ello se sentirá como si fuera absorbido por un ciclón.

Conozco a una mujer así. Durante cinco años ha estado inmersa en un amargo divorcio y la batalla por la custodia de sus hijos con un ex esposo al que odia. Cuando me la encuentro por la ciudad procuro alejarme lo más posible, porque es incapaz de hablar de otra cosa que no sea lo horrible que es su ex marido, lo asquerosa que es su vida y cómo la están fastidiando. Durante el primer año, más o menos, me fue posible darle toda la simpatía que ella ansiaba, pero a medida que fueron pasando los años y no oía ni una sola palabra positiva que saliera de su boca, comprendí mejor el motivo de que su esposo se divorciara de ella. Vivir con esa mujer podría volver loco a un hombre. Me preocupan sus hijos, que es probable que se contagien algo de su visión negativa de la vida.

2. Bloqueador de la suerte: ver lo que tienen de bueno las cosas, pero sólo a la retrospectiva

El segundo grupo de personas encuentran lo que tiene de bendición la adversidad, pero sólo a la retrospectiva. Gruñen y se quejan durante toda la experiencia que han recibido mal, maldicen a su mala suerte y desean que las cosas fueran diferentes. Una vez que han pasado las dificultades, pueden volver a dar forma a la manera en que perciben los acontecimientos, e incluso pueden llegar a aceptar que es lo mejor que jamás les ha sucedido pero únicamente cuando con el tiempo descubren que algo positivo ha salido de ello.

Michael E. Angier, fundador y presidente de Success Networks International, relató la historia siguiente en su boletín *Success Digest*, poniéndolo como ejemplo de uno de estos grupos de personas:

Lo que hace que Enterprise, en Alabama (EE.UU.), sea especialmente memorable es un extraño monumento que tienen en el centro de la ciudad. No puede dejar de verlo. De hecho, si va en automóvil tendrá que dar la vuelta en torno suyo porque está situado justo en mitad del camino. El monumento es una estatua del gorgojo del algodón.

Probablemente, es el único monumento del mundo que se haya erigido en honor a un insecto y, además, es seguro que no lo han levantado por su valor estético, ya que el gorgojo del algodón es una criatura particularmente fea. Lo que es sorprendente es que fuera erigido a causa de la devastación que causó en las cosechas de algodón de toda esa zona.

¿Que por qué rindieron honor a esa plaga? Bueno, si no hubiera sido por el gorgojo del algodón, la economía local hubiera continuado con su nada sana dependencia de esa única cosecha y de esa economía de un único producto. Hasta entonces, todo dependía exclusivamente del algodón. Cuando llegó el gorgojo, los cultivadores de algodón y todos los demás negocios que dependían de ellos se vieron obligados a reconocer la necesidad de diversificarse.

A la larga vieron que, de hecho, el gorgojo del algodón les había hecho un favor al destruir sus cosechas. Todos sus huevos ya no estaban en un solo cesto, «el del algodón». Empezaron a criar cerdos, a cultivar cacahuetes y otras cosechas de las que se cobran en efectivo y toda la zona mejoró económicamente a causa de ello.

¿Hay algún gorgojo del algodón en su vida? Puede que debiera usted erigir una estatua en su honor en lugar de maldecir su existencia. La mayoría de personas positivas y conscientes pertenecen a esta segunda categoría. Somos capaces de volver a dar forma, bajo una luz positiva, a casi todo excepto a la pérdida de un ser querido, pero sigue siendo duro hacerlo en el momento de nuestro mayor sufrimiento.

3. Creador de suerte: encontrar inmediatamente lo que tiene de bueno

Somos la única especie sobre la Tierra que puede existir en el presente mientras se preocupa, simultáneamente, por el futuro.

LAURIE BETH JONES

La tercera respuesta a la adversidad es la de esas personas que empiezan a buscar las bendiciones en el mismo momento en que experimentan la dificultad. Usted se maravilla de su valor, fuerza, fe, flexibilidad y optimismo. Cuando les pregunta cómo les va, puede que les oiga hablar de sus problemas pero lo más frecuente es que le hablen de su esperanza y de lo que están haciendo para solucionar el problema. Nueve veces de cada diez, antes de que termine la conversación, le estarán preguntando cómo le va a usted. No piensan que el universo tenga que girar en torno a ellos.

Luke y Sarah eran unos vecinos que podían servir de ejemplo de esta respuesta positiva y productiva a la adversidad. Hace cinco años, Sara se lesionó gravemente la espalda en el trabajo y, desde entonces, ha estado totalmente, impedida y sufre muchos dolores. Cuando les conocí, dos operaciones importantes y cinco intentos diferentes de someterla a una terapia física no habían conseguido hacer que andara o aliviara su dolor. De hecho, la mayoría de tratamientos habían hecho que empeorara. Tenían todos los motivos para quejarse y lamentarse, especialmente desde que Sarah había tenido dificultades para obtener los servicios que necesitaba a través de los beneficios de la seguridad social.

Incluso así, siempre me transmiten una visión optimista y llena de moral. Luke abandonó un trabajo fijo y empezó un negocio para poder trabajar en casa y ayudar a su esposa cuando ésta necesitaba ayuda. Me dijo:

> Hay gente que tiene miedo de dar un paso hacia lo desconocido y renunciar a la comodidad de un sueldo fijo. La lesión de Sarah me dio el valor de correr el riesgo, ya que ella me necesitaba en casa. Y además ¡me he vuelto todo un experto en ir a la compra, limpiar y hacer la comida!

A algunos hombres les daría un cólico sólo con pensar que sus esposas no ayudarían con las tareas domésticas o a ganar un sueldo, pero ése no es el caso de Luke. No desperdicia ni un minuto sintiendo lástima de sí mismo. Él sólo cuenta sus bendiciones.

Sarah recuerda un momento cuando ella se encontraba en la clínica del dolor e hizo amistad con la esposa de un hombre joven con un tumor cerebral inoperable. Dice:

> Ves a alguien así y te dices, ¿quién soy yo para quejarme? Por lo menos mi esposo y yo tenemos esperanzas, podemos ver la luz al final del túnel. Jamás hemos perdido la visión de lo que será nuestra vida cuando mi espalda esté curada. Gracias a todo esto, el amor por mi esposo se ha hecho más profundo e intenso. Él ha estado junto a mí todo el tiempo sin una sola queja. Ahora, ambos nos emocionamos con las pequeñas cosas, como los días en que puedo vestirme sola o poner una lavadora sin ayuda. Nosotros apreciamos la oportunidad que nos ha proporcionado mi lesión para unirnos aún más como pareja.

Sarah y Luke empezaron a buscar el arco iris tan pronto como aparecieron las nubes, así es su naturaleza. Después de cinco años de cielos tormentosos, incluso en las ocasiones en que el arco iris no era visible, ellos siguieron esperando que reapareciera y lo siguen haciendo así. Hace poco Sarah se volvió a someter a otra operación de cirugía experimental y ésta ha funcionado. La última vez que la vi era como si estuviera en éxtasis porque era capaz de caminar por su acera y hablar con los vecinos de su calle.

Desde entonces esta pareja ha dejado el vecindario a fin de ir en pos de una nueva oportunidad de carrera para Luke. Echo mucho de menos los rayos de sol que les acompañaban a todas partes adonde iban.

Creador de suerte: entrénese a encontrar lo que tenga de bueno

A lo largo de los últimos años he realizado un esfuerzo intencionado para cambiar la oportunidad temporal de mi actitud que, normalmente, es optimista. A pesar de que he sido siempre bastante buena en ver el lado bueno de las cosas, acostumbraba a hacerlo después de gruñir un cierto tiempo respecto a las dificultades. Ahora me disciplino para asumir que de cualquier cosa resultará algo positivo. Empiezo a buscar y a aplaudir lo que cualquier cosa pueda tener de bueno a los pocos minutos o segundos de quedar desencantada y sólo me permito hacer pucheros durante un tiempo muy corto.

He tenido la suerte de que ni yo ni mi familia hayamos pasado ninguna gran tragedia como la pérdida de la vida o la incapacidad física o mental. En estos momentos que rompen el corazón, como los que han tenido que soportar Christopher Reeve y su esposa e hijos, la actitud de ajuste acostumbra a tardar más a medida que se entra en un proceso natural de aflicción. En el caso de una gran pérdida puede que pase un año, o más tiempo, antes de que pueda usted apreciar lo que tiene de bueno.

Pero la mayoría nos ahogamos en autocompasión y pensamientos pesimistas con respecto a las pequeñas cosas. En el capítulo cuarto, «Responda con elasticidad y resistencia a las pruebas de la vida», ya dijimos que podía parecerse a llevar un abrigo de piel en un hermoso y soleado día. Entrénese a quitarse el abrigo de su pensamiento negativo tan pronto como se lo ponga. Y aún sería mejor que dejara el abrigo en su armario. Tener presente que no hay mal que por bien no venga y, por lo tanto, buscar el lado bueno de las cosas en cualquier adversidad puede convertirse en un instinto arraigado como cepillarse los dientes después de comer, si es que decide usted convertirlo en una costumbre.

Diario de la suerte: elegir lo positivo en lugar de lo negativo

¿Cuáles son las costumbres negativas de su mente que le hacen la zancadilla? He aquí una manera creativa de afirmar su decisión de elegir una alternativa más positiva. Puede hacer este ejercicio con su pareja, un hijo o hija, un socio en los negocios o un colega. Escriba el borrador en su diario de la suerte y una vez que lo haya completado, diseñe su propio cartel de afirmaciones para colocar en una pared y que incluso puede enmarcar.

Utilizando las letras del alfabeto, de la A a la Z, seleccione un punto de vista mental que destruya/bloquee la suerte, que empiece o incluya cada una de las letras. Por ejemplo: «Yo decido Pedir lo que quiero antes que esPerar por lo que quiero», o: «Elijo la Gratitud en lugar de aGarrarme a algo». Más adelante verá más ejemplos. Elija un día o una semana en la que el tema será una letra en particular. Siempre que sea posible, cambie conscientemente del pensamiento negativo al positivo.

Por ejemplo, si ésta fuera la semana de: «Desilusión en lugar de Desolación», usted intentaría echarse todas las pequeñas cosas a la espalda en lugar de convertirlo todo en una tragedia. Habrá multitud de ocasiones en las que volverá usted a las andadas porque no se trata de magia, pero su intención de hacerlo mejor se irá fortaleciendo.

Puede utilizar este ejercicio para mejorar su actitud hacia su trabajo, sus hijos, su camino espiritual o cualquier aspecto de su vida. Siga mi ejemplo y cree usted su ejercicio.

Creador de suerte: eliminar los pensamientos negativos tan pronto como entren en su mente

Su camino espiritual puede enseñarle una costumbre de meditación como el yoga o la meditación atenta, que intente ayudarle a disminuir el estrés y a controlar su mente. Somos pocos los que seremos capaces, alguna vez, de no tener pensamientos negativos en absoluto. Pero podemos mejorar eliminando esta clase de pensamientos lo antes posible. No hay nada como el golpetazo de un pensamiento negativo para bloquear los rayos de sol de la suerte. ¡Es como si se pusiera una crema solar de factor de protección 45 por todo el cuerpo!

Yo desarrollé la visualización siguiente para ayudarme a liberar a mi mente de pensamientos y obsesiones negativas. ¡Puede tomarla prestada!

Imagínese que está nadando en una piscina muy grande, tranquila y cálida. Brilla el sol, la vista es magnífica y se siente usted en paz. La temperatura es la adecuada y está usted nadando fácilmente y sin resistencia cuando se fija que hay un insecto en el agua. Al principio nada usted alrededor del insecto, fijándose en él pero no permitiendo que interfiera con su natación.

La piscina es su mente cuando está usted tranquilo y es feliz. El insecto es un pensamiento negativo. Al principio, su pensamiento negativo es sólo una irritación de menor importancia, pero el insecto empieza a crecer y a hacerse más grotesco y, antes de que pase mucho tiempo, está desbaratando la serenidad de su natación. No puede pasar nadando por su lado sin mirarle y que le de asco. A pesar de que está muerto, le asusta.

El insecto es su pensamiento negativo que se está convirtiendo en una obsesión, que está ocupando su mente y destruyendo su serenidad y sus capacidades de crear suerte. A pesar de que el pensamiento no tiene otra vida real que la que usted le da, llega a hacerse mayor que su tamaño natural. He aquí la manera de eliminarlo de su mente.

Salga de la piscina y acérquese a la pared en la que se encuentra un palo muy largo con una red en el extremo. Sáquelo de la pared y sumerja la red en la piscina, recoja ese insecto tan gordo y asqueroso y láncelo a la hierba, donde no le hará daño a nadie. «¡Adiós insecto, ya no volverás a molestarme más cuando nade!» Una vez satisfecho de haber vencido a esa fea criatura, regrese a la piscina y disfrute nadando.

Cuando un pensamiento negativo entre en su mente —y antes de que se convierta en una obsesión— visualícese tomando uno de esos recogedores de insectos y lance ese pensamiento fuera de su mente. Luego imagínese a su mente volviendo a la serenidad de una piscina cálida. Si repite esta meditación lo suficiente, aprenderá a eliminar ese pensamiento de su cerebro *antes* de que se convierta en un feo insecto.

Creador de suerte: vigile sus «pero»

La vida está llena de molestias y fastidios. En uno de mis viajes a Israel, visité a un amigo y le pedí que acudiera al Muro de las Lamentaciones a rezar por mi hermano, que estaba enfermo de cáncer. Cuando me iba, él me dijo: «Que puedas tener muchas preocupaciones». Yo le repliqué: «¿Qué clase de bendición es esa» y él me respondió: «La vida está llena de molestias e irritaciones, pero si no hay un único problema que te abrume, eso es extremadamente grave y oscurece cualquier otra molestia, quiere decir que todavía no te ha sucedido nada tan malo».

RABINO ABRAHAM TWERSKI

Los atletas olímpicos llegan a los juegos practicando todo el tiempo; horas y horas y horas de práctica. Y lo mismo sucede para desarrollar un estado de ánimo positivo. Especialmente, si tiene usted tendencia a concentrarse automáticamente en lo negativo, tendrá que pasarse horas y más horas para volver a entrenar a su mente. La buena noticia es que ¡puede usted hacerlo! Con persistencia y un compromiso a largo plazo verá los resultados.

He aquí una técnica que puede representar una gran diferencia respecto a la manera en que considera usted sus circunstancias.

Imagínese que es el propietario de una tienda de venta al detalle y ha sido uno de esos días de pesadilla. Los clientes se han estado quejando, un empleado clave se ha despedido sin avisar y su caja registradora se ha estropeado. Es como si una nube negra hubiera estado encima de su tienda todo el día y usted ha estado gruñendo para sí mismo: «¡Hoy no debía haberme levantado de la cama!».

Y sin embargo, ha sido un día provechoso, ha vendido 500 dólares más de su promedio de ventas ya que un cliente rico de fuera de la ciudad decidió equipar a todos sus nietos en su tienda. Usted arrastra su cansado cuerpo hasta la puerta de su casa, donde su esposa le hace una pregunta sencilla: «¿Cómo te ha ido el día, cariño?».

Hay dos maneras posibles de responder:

«Ganamos un buen dinero, pero fue un día horroroso. Estuve todo el día oyendo quejarse a los clientes, mi mejor vendedor se despidió y la caja registradora se estropeó cuando había toda una cola de clientes esperando. ¡Ponme una copa!»

El tono general de su respuesta es sombrío y las descripciones negativas que siguen al pero eliminan cualquier apreciación positiva de la buena noticia que iba antes del «peor». A pesar de sus beneficios, todo el día se considera un día desafortunado, y usted está buscando, primordialmente, simpatía y alivio para su estrés. Ahora veamos la respuesta alternativa:

«Estuve todo el día oyendo quejarse a los clientes, mi mejor vendedor se despidió y la caja registradora se estropeó cuando había toda una cola de clientes esperando, pero ganamos 500 dólares más de los que acostumbramos a ganar en un día así que ¡ponme una copa!, vamos a celebrarlo.»

¿Qué es lo que hay de diferente en este párrafo? ¡Sólo la situación del pero! El que recalque lo negativo o lo positivo de su interpretación de los acontecimientos tiene mucho que ver con el lugar en que ha colocado su pero... y si está usted abatido o aprecia lo bueno que se cruzó en su camino. Al dejar las buenas noticias para después del pero, en lugar de colocarlas antes, el énfasis pasa más a lo positivo.

Ya hemos hablado antes en este libro de la importancia de su propia identidad, o sea, si se ve usted como una persona afortunada o infortunada. Todo se reduce al lugar en que colocó usted el «pero». Conozco a alguien que perdió de manera trágica todo lo que poseía en el incendio de su casa y en esa época no tenía un seguro de incendios. Cuando el fuego se inició tenía siete niños que estaban durmiendo en la casa. Cuando cuenta la historia no se concentra en la pérdida material sino que habla de su suerte: «Perdí todo lo que poseía pero, afortunadamente, mis siete hijos salieron de la casa sin sufrir ninguna lesión.»

Se da cuenta de lo diferente que sería si ella dijera: «Todos mis hijos salieron sin sufrir daño alguno pero perdí todo lo que tenía y no estaba asegurada.» Se trata de una historia de desgracias y de la mala suerte de no tener su pérdida asegurada. Aquello en que ella decida concentrarse —su suerte o su mala suerte— determinará la cantidad de suerte que atraerá a su vida en el proceso de reconstrucción. ¿Es una víctima o recibió una bendición? La manera en que responda a esa pregunta también servirá para que sus hijos aprendan respecto a la suerte.

A medida que vaya transcurriendo su vida, vigile sus «pero». Fíjese en si habla consigo o con los demás de un manera que disminuye su resistencia y elasticidad, enmarcando el acontecimiento en lo negativo. Con la práctica puede aprender a decir lo mismo pero retener una perspectiva mucho más optimista.

Destructor de la suerte: no apreciar sus bendiciones

Cada minuto que pase estando enfadado, pierde sesenta segundos de felicidad.

ANÓNIMO

Por muy malo que sea o haya sido un día, siempre podrá encontrar algo por lo que tenga que estar agradecido. Estoy entrenando a mis hijos en este enfoque consciente a la hora de nuestro ritual de irse a la cama. Antes de las plegarias y de los besos de buenas noches, pido a los niños que me digan algunas de las cosas por las que están agradecidos. Es posible que mencionen el apetitoso postre de después de cenar o lo mucho que se divirtieron jugando con la canguro. Pero también les he enseñado a decir gracias por las cosas importantes como «ojos que ven y una boca que habla y unas piernas que me permiten correr y una casa que nos mantiene calientes y por mamá y papá que me quieren» y demás. Quiero que comprendan lo afortunados que son al haber nacido en una opulencia relativa, sin desventajas, con todas las posesiones materiales y amor de la familia que necesitan. Incluso siendo tan jóvenes están empezando a entender cómo hay que sentir gratitud.

Mi esposo y yo también compartimos un ritual nocturno. Antes de dormirnos, nos recitamos el uno al otro una lista corta de cosas por las que estamos agradecidos, como una cama de agua cálida y confortable o unos hijos sanos. En lugar de dormirnos después de ver las noticias de la televisión llenas de muerte y aflicción, nos dormimos apreciando nuestras bendiciones.

El momento para llevar a cabo esta clase de ritual es, especialmente, ¡cuando no se tiene ganas de ello! Cuando sienta lástima de sí mismo, esté furioso con alguien, o esté tan deprimido que no pueda encontrar esperanza, concéntrese en sus bendiciones para que le ayuden a pasar a un humor más propicio a la creación de suerte. Por tremendas que sean sus circunstancias siempre tendrá cientos de bendiciones que contar.

Cuando no se concentra en sus bendiciones, destruye usted su capacidad de dar un giro a su suerte. Entra en una espiral negativa, en la que el pensamiento negativo y la falta de apreciación llevan a más dificultades, lo que a usted le demuestra que tiene razón al decir que no es afortunado. Deja usted de dar, deja de creer que pueden pasarle cosas buenas y dejar de fijarse en las maneras notables que tiene el espíritu de llegar a usted durante el día. Puede estar tan absorto en su miseria que puede convencerse de que está marcado para tener mala suerte.

> *Tengo suerte. Si los auxiliares médicos no hubieran llegado tan rápidamente, si hubiera llegado al hospital cuando la doctora Jane no hubiera estado allí, si hubiera tenido un cirujano menos brillante y si hubiera ido a competir a Vermont y hubiera sufrido la misma lesión, no habría sobrevivido.*

CHRISTOPHER REEVE

La suerte es un estado de ánimo y no sólo un acontecimiento externo. Por lo tanto, siempre podrá cambiar su suerte si cambia la percepción que tiene de ella. He leído la historia de un obrero de la construcción que se quejaba de tener las manos cortadas y sangrando en lo más frío del invierno. Sentía lástima de sí mismo hasta que vió a un repartidor de periódicos que no tenía manos y que luchaba por hacerse con su paquete de periódicos. Jamás volvió a quejarse de lo que le dolían las manos.

Creador de suerte: escriba cada día en un diario de gratitud

Oprah Winfrey ha tenido como misión, durante los dos últimos años, convencer a sus audiencias de que: «Empiece un diario de gratitud y verá cómo empieza a llevar más suerte a su vida». Personalmente, y como escribo durante todo el día, prefiero el ritual de citar en voz alta, cada día, todas mis bendiciones. Pero hay personas que juran que el proceso de anotarlo en un pedazo de papel es lo mejor. No tiene que ocuparle más de cinco minutos al día y es una herramienta muy potente para volver a concentrar su mente.

Además de fijarse en las cosas que ha recibido y por las que está agradecido, incluya también lo que no sucedió y que también agradece. ¡Jamás se quedará sin existencias de cosas por las que estar agradecido! El rabino Simcha Zissel de Kelm enseñaba a sus estudiantes:

Cuando una camisa cae de la cuerda en que estaba tendida al sol y se ensucia, en lugar de estar molesto por su camisa sucia, diga: ¡Estoy agradecido de no haber estado dentro de esa camisa!». Desarrolle la costumbre de estar agradecido por todas las cosas malas o equivocadas que *no* sucedieron en su vida y eso hará aumentar su dosis diaria de alegría y disfrute.

Su lista de gratitud no siempre tiene que ser profunda, o sea que asegúrese de incluir las cosas pequeñas que le proporcionan comodidad y alegría. ¡Está bien sentirse extraordinariamente agradecido por el helado de chocolate de Ben y Jerry!

Cheryl Richardson, autora de *Take Time for Your Life*, nos hace esta sugerencia única: «Cuelgue una hoja grande de papel en la pared y deje a su lado unos cuantos rotuladores de colores. Cada vez que pase por ahí, anote una cosa por la que se sienta agradecido».

Diario de la suerte: debe identificar sus espinas y sus rosas

Podemos quejarnos de que los rosales tengan espinas o alegrarnos porque las espinas tienen rosas. Todo depende de la manera que se mire.

ANÓNIMO

Complete las frases siguientes en su diario de la suerte:

Las espinas que tengo clavadas son: _____
_____
_____.

Las rosas que han aparecido como resultado son: _____
_____.

Entre mis bendiciones cuento con: _____
_____.

Destructor de la suerte: permitir que la gente tóxica le saque, de un golpe, todo el valor que posee

Ame a su vecino como a sí mismo, y elija a sus vecinos.

ANÓNIMO

Hablando de tener clavada una espina, no podré nunca advertirle lo suficiente del daño que incluso una sola persona negativa puede hacer a sus capacidades de creación de suerte. Confiar en su intuición y correr riesgos exige, en ocasiones, un valor sobrehumano. Todo lo que se necesita para desarmar a alguien es que una persona diga: «¿Qué pasas, está loco?», o que otra exclame: «¡Jamás serás capaz de hacer eso!»

La gente negativa le robará la energía. Cuando le ataquen, su instinto será el de defenderse y entonces su energía se dirigirá hacia su defensa en lugar de dedicarse a crear aquello que usted quiere. Es poco probable que consiga cambiar la opinión que tienen de usted, pero quedará rápidamente atrapado y creerá que sólo con que fuera un poco más persuasivo, ellos llegarían a ver las cosas como usted las ve. Si tiene aunque sea la más pequeña duda o temor, escuchar a una persona tóxica lo incrementará al máximo. Si está tratando con una persona así de negativa, lo mejor que habitualmente se puede hacer es no tratar con ella.

La gente tóxica sólo tiene poder sobre usted si se lo permite y tienen la mayor influencia cuando se siente usted inseguro y confuso. Cuando sabe lo que quiere y tiene fe en que llegará allí, casi no tienen influencia alguna.

Cuando sea vulnerable, consiga que sus planes no sean conocidos por los cínicos de su vida. Anúncielos cuando haya tomado ya la decisión y los detalles se hayan gestionado. Así los dejará de piedra cuando les demuestre que puede hacerse.

Diario de la suerte: ¿quién es la gente tóxica en mi vida?

1. ¿A quién necesita evitar o tomar a la ligera cuando esté tomando decisiones graves y no esté completamente seguro de cómo va a salir todo?

2. ¿Cuál es la motivación y la recompensa para la gente negativa de su vida? ¿Qué están consiguiendo con ello?

3. ¿De qué manera creen que le ayudan?

4. ¿Se busca usted mismo problemas al pedir consejo a esas mismas personas?

Creador de suerte: ande por ahí con personas positivas y sea una de ellas

Respecto al tema de la creación de suerte y de concentrarse en lo positivo, Judy decía lo siguiente:

> Antes de la muerte de mi hijo, mis amigos acostumbraban a decir que yo tenía una vida fascinante. Un esposo sensacional, unos hijos estupendos... y en muchos aspectos era así y lo sigue siendo.

> Pero también tuve una tonelada de adversidades: crecí con una madre que enfermó de cáncer cuando yo tenía seis años y que murió cuando yo tenía catorce, un padre alcohólico y abusón, así como montones de muertes en la familia, incluyendo la de mi propio hijo cuando sólo era un adolescente.

> Yo parecía tener una vida fascinante y llena de encanto porque me obligué a regodearme en lo positivo antes que en lo negativo. Conozco a personas que han tenido muy pocos problemas en sus vidas y que están amargadas y son envidiosas y conozco a más personas cuyas vidas han estado llenas de tragedias y, sin embargo, nunca lo dirías. Ellos no restriegan sus problemas en la cara de las demás personas del mundo, los reconocen pero no se concentran en ellos.

> ¿Adivina quién tiene más éxito en la vida en general? La gente quiere estar cerca de otras personas que les animen, no que les arrastren a las profundidades. Cuando la gente disfruta con su compañía en lugar de temerla, es que usted tiene más éxito de manera natural. Parece dolorosamente obvio, pero hay por ahí una enorme cantidad de personas negativas que ni siquiera se imaginan que lo son.

> Así que ¿cómo se hace para atraer a la buena suerte? Sonría al mundo y éste le devolverá la sonrisa.

Y qué mejor manera que terminar este libro que con una sonrisa.

Confío en que *Cree su propia suerte* le haya proporcionado muchas razones para sonreír y nuevas herramientas para adquirir la clase de éxito y de felicidad que hará que sonría usted en el futuro. La creación de suerte es un negocio serio, pero si alguna vez empieza usted a tomárselo demasiado en serio, habrá llegado el momento de tomárselo un poco más a la ligera.

No atribuya jamás la buena suerte de alguien a la pura suerte. Existe un lugar en el universo para la oportunidad al azar, pero cuando se diga a sí mismo: «¡Vaya, qué suerte tiene!», pregúntese: «¿Qué es lo que habrá hecho para crear eso?».

Su felicidad y su buena suerte están en sus manos y en su mente. Sean cuales sean las circunstancias que usted promueva, permita, o se vea obligado a enfrentarse en su vida, conviértalas en suerte. La elección es suya.

Como quiero acabar este libro con una sonrisa, adopte la actitud que aparece a continuación y que he visto impresa en un adhesivo en un parachoques, y le garantizo que hará grandes cosas en su vida.

Cualquier día sobre la tierra es un buen día.

Le deseo la mejor de las suertes...

Bibliografía

Bach, Marcus. *The World of Serendipity: Discover the Secret Power of Your Seventh Sense.* Marina del Rey, California: DeVorss Publications, 1970.

Boorstein, Sylvia. *It's Easier Than You Think: The Buddhist Way to Happiness.* Nueva York: HaperSanFrancisco, 1995.

Birdges, William. *Transitions: Making Sense of Life's Changes.* Nueva York: Addison-Wesley Publishing Company, 1980.

Carlson, Richard, Ph.D. *Don't Sweat the Small Stuff ... And It's All Small Stuff.* Nueva York: Hyperion, 1997.

Carlson, Richard, Ph.D. *Don't Sweat the Small Stuff with Your Family.* Nueva York: Hyperion, 1998.

Cutler, Howard, and His Holiness the Dalai Lama. *The Art of Happiness: A Handbook for Living.* Nueva York: Riverhead Books, 1998.

Day Laura. *Practical Intuition: How to Harness the Power of Your Instinct and Make It Work for You.* Nueva York: Broadway Books, 1996.

Gawain, Shakti. *Creating True Prosperity.* Novato, California: New World Library, 1997.

Halberstam, Yitta, and Judith Leventhal. *Small Miracles: Extraordinary Coincidences from Everyday Life.* Holbrook, Massachusetts: Adams Media Corporation, 1997.

Halberstam, Yitta, and Judith Leventhal. *Small Miracles II: Heartwarming Gifts of Extraordinary Coincidences.* Holbrook, Massachusetts: Adams Media Corporation, 1998.

Halberstam, Yitta, and Judith Leventhal. *Small Miracles of Love and Friendship: Remarkable Coincidences of Warmth and Devotion.* Holbrook, Massachusetts: Adams Media Corporation, 1999.

Hill, Napoleon. *Laws of Success.* Lake Forest, Illinois: Success Unlimited, 51st printing, 1995.

Hopcke, Robert H. *There Are No Accidents: Synchronicity and the Stories of Our Lives.* Nueva York: Riverhead Books, 1997.

Johnson, Barbara. *Pain Is Inevitable But Misery is Optional, So Stick a Geranium in Your Hat and Be Happi!* Dallas, Texas: Word Publishing, 1990.

Jones, Laurie Beth. *The Power of Positive Prophecy: Finding the Hidden Potential in Everyday Life*. Nueva York: Hyperion, 1999.

Keyes, Ken, Jr. *Gathering Power Through Insight and Love*. Berkeley, California: Living Love Publications, 1986.

Keyes, Ken, Jr. *Taming Your Mind*. Berkeley, California: Living Love Publications, 1975.

Keyes, Ken, Jr. *The Power of Unconditional Love: 21 Guidelines for Beginning, Improving, and Changing Your Most Meaningful Relationships*. Berkeley, California: Love Line Books, 1990.

Keyes, Ken, Jr. *A Conscious Person's Guide to Relationships*. Berkeley, California: Living Love Publications, 1979.

Millman, Dan. *Way of the Peaceful Warrior*. Tiburon, California: H.J. Kramer, Inc., 1980.

Myers, Marc. *How to Make Luck: 7 Secrets Lucky People Use to Succeed*. Los Angeles, California: Renaissance Books, 1999.

Ochs, Carol, and Kerry M. Olitzky. *Jewish Spiritual Guidance: Finding Our Way to God*. San Francisco, CA: Jossey-Bass Publishers, 1997.

O'Hanlon, Bill. *Do One Thing Different, And Other Uncommonly Sensible Solutions to Life's Persistent Problems*. Nueva York: William Morrow and Company, Inc., 1999.

Perks, Robert C. *The Flight of a Lifetime*. Shavertown, Pennsylvania: Sparrow Publishing, 1997.

Phillips, Michael. *The Seven Laws of Money*. Boston, Massachusetts: Shambala Publications, 1974.

Redfield, James. *The Celestine Prophecy*. Nueva York: Time Warner, 1993.

Redfield, James. *The Tenth Insight*. Nueva York: Time Warner, 1996.

Reeve, Christopher. *Still Me*. Nueva York: Ballentine Books, 1998.

Rescher, Nicholas. *Luck: The Brilliant Randomness of Everyday Life*. Nueva York: Farrar Straus Giroux, 1995.

Richardson, Cheryl. *Take Time for Your Life*. Nueva York: Broadway Books, 1998.

Silverman, Robin. *The Ten Gifts*. Nueva York: St. Martins Press, 2000.

Sinetar, Marsha. *Living Happily Ever After: Creating Trust, Luck and Joy*. Nueva York: Villard Books, 1990.

Stapleton, Gary. *In Others' Words: A Philosophy for Living Through a Lifetime of Quotes*. Christiania, Pennsylvania: self-published, 1993.

Thoele, Sue Patton. *The Woman's Book of Courage: Meditations for Empowerment and Peace of Mind*. Nueva York: MJF Books, 1996.

Thoele, Sue Patton. *The Woman's Book of Confidence: Meditations for Strength and Inspiration*. Nueva York: MJF Books, 1992.

Twerski, Rabbi Abraham J. *It's Not As Tough As You Think: How to Smooth Out Life's Bumps*. Nueva York: Shaar Press Publications, 1999.

Wakefield, Dan. *How Do We Know When It's God?* Boston, Massachusetts: Little Borwn and Company, 1999.

Resúmenes de los capítulos

Resumen del capítulo 1

6 Creadores de suerte

Desarrolle una mentalidad abierta
Crea en lo imposible
Cuando tenga suerte, créaselo
Cambie su definición negativa de ser una persona que no tiene suerte
Desarrolle una actitud del tipo «¿Qué puedo perder?»
El amor por las sorpresas

2 Bloqueadores de la suerte

Pensamiento pesimista y estrecho de miras
Esperar la decepción

1 Destructor de la suerte

Aferrarse a costumbres negativas para la suerte a causa de lo que le proporcionan

Resumen del capítulo 2

9 Creadores de suerte

Cree una comprensión clara de lo que quiere
Partiendo del autosabotaje encuentre el camino de vuelta a la creación de suerte
Aprenda de los «errores» pasados
Asegure las afirmaciones en la realidad
Haga lo que sea necesario para conseguir lo que quiere
Hágalo de todos modos, incluso cuando no tenga ganas de hacerlo

Desarrolle unas costumbres de acción positiva que promocionen la suerte
Quiera lo que ya tiene
Transforme sus adicciones en preferencias

2 Bloqueadores de la suerte

Pedir cacahuetes
Concentrarse, absolutamente, en lo que no quiere

2 Destructores de la suerte

Sentir que no se merece conseguir lo que quiere o tener miedo de conseguirlo
Las afirmaciones no acostumbran a funcionar

Resumen del capítulo 3

9 Creadores de suerte

Haga caso a su intuición con mayor frecuencia
Cálmese y vaya más despacio
Cuando sepa lo que tiene que hacer, absténgase de pedir consejo
Cuando se sienta angustiado permita que otras personas le apoyen
Aprenda su propio lenguaje intuitivo
Haga preguntas a su intuición
Pida confirmación al universo
Distinga entre sabiduría intuitiva y miedo
Preste atención a las coincidencias significativas

3 Bloqueadores de la suerte

Demasiado ruido
Pedir consejo con demasiada frecuencia
Ignorar un desafío a sus rígidas exigencias

1 Destructor de la suerte

Ignorar su intuición como temprano sistema de aviso

Resumen del capítulo 4

8 Creadores de suerte

Recuerde OMOC y Holanda
Piense a toda velocidad

No haga asunciones respecto a la suerte
Siga adelante teniendo fe
Convierta el rechazo en determinación
PPS
Reduzca al mínimo la cantidad de tiempo que está usted en crisis
Adopte una actitud agradecida

2 Bloqueadores de la suerte

Envidia
PPED

1 Destructor de la suerte

¡Muéstrame primero el cómo!

Resumen del capítulo 5

5 Creadores de suerte

Háblese como si fuera un niño pequeño
Recuerde, siempre podría ser peor
Siempre que pueda, perdone y abandone la ira
Convertir el remordimiento en determinación
¡Decirle que sí!

2 Bloqueadores de la suerte

Molerse a palos
Vivir inmerso en el remordimiento

3 Destructores de la suerte

Molerse a palos
No ser capaz de perdonar
Buscar aprobación y no decir «no» cuando es necesario

Resumen del capítulo 6

5 Creadores de suerte

Respete la oportunidad temporal perfecta de un plan divino
Hay que determinar cuándo son necesarias la paciencia o la persistencia
Permita que su intuición le diga cuándo ha llegado el momento de actuar

Crea en un plan mejor

Cree una sensación de urgencia y trate al tiempo como a un bien precioso

2 Bloqueadores de la suerte

Convertirlo todo en una catástrofe

Aferrarse a algo cuando ha llegado el momento de abandonar

1 Destructor de la suerte

Rendirse demasiado pronto

Resumen del capítulo 7

4 Creadores de suerte

Vivir de acuerdo con la filosofía del bumerán

Dé a fin de conseguir

Integre unos comportamientos que incluyan la facilidad de dar en su vida diaria

Recibir sin sentir culpa

3 Bloqueadores de la suerte

Contemplar a la suerte con las gafas de un miope

Cuando el dar para conseguir algo se vuelve manipulador

Dar demasiado

2 Destructores de la suerte

No tener en cuenta el poder de dar

La obsesión por conseguir deja poco tiempo o interés para el dar

Resúmen del capítulo 8

8 Creadores de suerte

Tenga una expectativa positiva para su vida

Busque lo que tiene de bueno

Encontrar, inmediatamente, lo que tiene de bueno

Entrénese a encontrar lo que tenga de bueno

Eliminar los pensamientos negativos tan pronto como entren en su mente

Vigile sus «pero»

Escriba cada día en un diario de gratitud

Ande por ahí con personas positivas y sea una de ellas

1 Bloqueador de la suerte

Ver lo que tienen de bueno las cosas, pero sólo a la retrospectiva

3 Destructores de la suerte

Ser una víctima perpetua
No apreciar sus bendiciones
Permitir que la gente tóxica le saque, de un golpe, todo el valor que posee

Sobre la autora

Azriela Jaffe reside en la actualidad cerca de Filadelfia, Nueva Jersey, con su esposo y sus tres hijos. Le encanta que sus lectores se pongan en contacto con ella. Si desea enviarle sus comentarios respecto a la creación de suerte en su vida, ya sea por e-mail o por correo, estará encantada. Está compilando la historia de «Cree su propia suerte» para un posible libro: *Creadores de suerte*. Si tiene una historia favorita sobre la manera en que usted creó suerte en su vida, o sabe de otra persona que la tenga, por favor dígaselo.

BOLETÍN GRATUITO SOBRE CREACIÓN DE SUERTE: Para suscribirse a un boletín gratuito *online* sobre la creación de suerte, envíe un e-mail a *azriela@createyourownluck.com* o *azriela@mindspring.com*

PARA CONTACTAR CON LA AUTORA:
Anchored Dreams®
P.O. Box 936
Newtown, PA 18940-0844
E-mail: *azriela@mindspring.com* o *az@azriela.com*
Página web: *www.isquare.com/crlink.htm*